Karl Quiehl

Die Einführung in die französische Aussprache. Lautliche Schulung,

Lautschrift und Sprechübungen

Karl Quiehl

Die Einführung in die französische Aussprache. Lautliche Schulung, Lautschrift und Sprechübungen

ISBN/EAN: 9783743610248

Hergestellt in Europa, USA, Kanada, Australien, Japan

Cover: Foto ©Paul-Georg Meister /pixelio.de

Karl Quiehl

Die Einführung in die französische Aussprache. Lautliche Schulung,

Lautschrift und Sprechübungen

Die Einführung in die französische Aussprache.

Lautliche Schulung, Lautschrift und Sprechübungen im Klassenunterrichte.

Auf Grund von Unterrichtsversuchen

dargestellt

von

Dr. Karl Quiehl,

Oberlehrer an der Realschule zu Kassel.

Marburg.

N. G. Elwert'sche Verlagsbuchhandlung.

1889.

Vorwort.

Die vorliegende Schrift soll keine Streitschrift sein in dem Sinne, in welchem es einige in den letzten Jahren erschienene Arbeiten sind, die ähnliche Fragen behandeln; sondern sie will eine sachliche Darstellung des Verfahrens geben, welches ich im französischen Anfangsunterrichte eingeschlagen habe. Wenn ich der von mehreren Seiten an mich gerichteten Aufforderung Folge leiste und den anspruchslosen Versuch der Öffentlichkeit übergebe, so geschieht es mit der Absicht, kurz anzuführen, wie die Phonetik und die Anschauung im Klassenunterrichte verwandt und auf welche Weise planmässig betriebene Sprechübungen zu einem wesentlichen Bestandteile des fremdsprachlichen Unterrichtes gemacht und zweckmässig dazu benutzt werden können, den Schüler in die Kenntnis der fremden Sprache einzuführen. Ich wollte so eine Grundlage schaffen, von der ausgehend eine sachliche Erörterung der in Betracht kommenden Fragen ermöglicht und eine Verständigung über dieselben angebahnt werden kann. Solche sachliche Erörterungen werden mir persönlich auch deshalb sehr willkommen sein, weil ich von denselben recht viel zu lernen hoffe; denn ich bin weit davon entfernt, das geschilderte Verfahren für abgeschlossen zu halten. Für Winke und Verbesserungsvorschläge, besonders von seiten solcher Fachgenossen, welche sich auf praktische Unterrichtserfahrung stützen, werde ich daher recht dankbar sein.

Ich füge hinzu, dass der auf den folgenden Seiten zu Grunde gelegte Unterrichtsversuch mit einer französischen Anfängerklasse (Sexta einer lateinlosen Realschule) im Schuljahre 1887 88 angestellt wurde und dass die Klasse 48 Schüler zählte. Dieselbe Klasse unterrichtete ich auch 1888 89 als Quinta weiter. Leider macht es meine Versetzung an die zweite Realschule, deren Leitung mir übertragen worden, nicht möglich, sie durch die ganze Schule hindurch zu führen.

Für die freundlichst erteilte Erlaubnis, Versuche im angegebenen Sinne anzustellen, bin ich dem Königlichen Provinzial-Schulkollegium unserer Provinz, dem leider so früh verstorbenen Direktor der Realschule, Herrn Professor Dr. Baderus, sowie Herrn Realschuldirektor Dr. Ackermann aufrichtig dankbar.

Ebenso spreche ich den Herren Oberlehrer Junghaus zu Kassel und Realgymnasiallehrer Max Walter zu Wiesbaden für ihre freundlichen Bemerkungen zu der Arbeit und den Herren Dr. Merkelbach, Dr. Knabe und Bockholt für gütige Hülfe bei der Drucklegung meinen wärmsten Dank aus.

Kassel, den 17. März 1889.   Quiehl.

Inhaltsverzeichnis.

Die Einführung in die französische Aussprache.

Lautliche Schulung, Lautschrift und Sprechübungen im Klassenunterricht.

Der Unterricht in einer lebenden Sprache hat zunächst die Aufgabe, den Schüler in die Aussprache einzuführen [*]). Die Art und Weise, wie diese Aufgabe am zweckmässigsten gelöst werden kann, ist mehrfach Gegenstand der Erörterung gewesen und hat auch zu neuen Versuchen im Klassenunterricht die Anregung gegeben.

Diese Erörterungen sind oft mit Lebhaftigkeit, zum Teil sogar mit einer gewissen Erregtheit geführt worden. Besonders ist in den letzten Jahren eine Frage in den Vordergrund gedrängt und viel umstritten worden: Die Frage, ob es gut und nützlich sei, eine Lautschrift (Umschrift, Transskription, transskribierte Texte) im französischen und englischen Klassenunterricht anzuwenden. Während auf der einen Seite behauptet wird, dass man bei Zugrundelegung von phonetisch geschriebenen Texten weit bessere Erfolge für die Einführung in die betreffenden Sprachen erziele, wird von anderer Seite ihnen jeder erziehliche Wert abgesprochen. Und zwar sind es nicht nur die Gegner einer Neugestaltung des Unterrichtsverfahrens überhaupt, die der Lautschrift feindlich gegenüberstehen, sondern selbst Freunde und Anhänger der „Reform" zeigen ihr offenes Misstrauen.

Ehe ich auf das Wesen der Lautschrift näher eingehe, möchte ich hervorheben, dass ich der Frage, ob Lautschrift im Unterricht anzuwenden sei, keine so sehr hervorragende Bedeutung beilegen möchte, als dies von Freunden wie Feinden vielfach geschieht. Ich kann mir einen Unterricht im Englischen und Französischen recht wohl denken, der dem Charakter der Sprachen als gesprochenen gerecht wird, ohne dass man Lautschrift dabei zu Grunde legt. Ich habe Klassen kennen gelernt, deren Schüler das Französische sehr zufriedenstellend aussprachen, obwohl sie lautliche Texte nicht benutzt hatten. Der Kernpunkt der Frage scheint mir eben nicht der zu sein, soll Lautschrift oder nicht zu grunde gelegt werden, sondern der: soll neben dem geschriebenen das gesprochene Wort zu seinem Rechte kommen? Dieser Frage gegenüber ist diejenige der Lautschrift nur von untergeordneter Wichtigkeit. Ja, das Hervordrängen

---

[*]) „Ziel ist die richtige Aussprache." — „Die erste Aufgabe des französischen Unterrichts, Richtigkeit der Aussprache und Geläufigkeit des Lesens bei den Schülern zu erreichen . . . . muss bis zu einem gewissen Grade jedenfalls erfüllt worden". (Revid. Lehrpläne. Erläuterung 5a zum Lehrplan der Gymnasien.)

der Frage der Lautschrift ist sogar geeignet, von dem Wesen der ganzen Reform-Bewegung eine falsche Vorstellung zu geben und von der Hauptsache abzulenken.

Der Ausdruck „Lautschrift" hat bei vielen fälschlicherweise die Vorstellung erweckt, als handele es sich wieder um eine Art Schrift, die zum Ausgangspunkt gemacht werden soll. Häufig hört man daher etwa wie folgt die Lautschrift von der Hand weisen: Wir haben genug zu thun, unsern Schülern die eine Art der Schreibung, die geschichtlich überlieferte Rechtschreibung, beizubringen, von der nicht wohl abgesehen werden kann. Verlangen wir von ihnen, dass sie sich eine zweite, von der genannten ganz abweichende Schreibung zu eigen machen, so bedeutet dies eine durch nichts gerechtfertigte Überbürdung.

Dass diese unrichtige Auffassung des Schlagwortes in der That schon schädlich gewirkt hat, beweisen Fälle, in denen der sogenannte Versuch mit der „neuen Methode" in der Weise angestellt wurde, dass die Wörter und Sätze statt in der gewöhnlichen Rechtschreibung den Schülern in Lautschrift geboten wurden, während im übrigen das Verfahren dasselbe blieb, wie es früher gewesen. Die Lautschrift sollte wie eine Art Zauberschrift auf die Geister und Sprachwerkzeuge der Schüler wirken. Es ist klar, dass ein so betriebener Versuch nicht nur die gewünschte erfreuliche Wirkung nicht ergeben konnte, sondern dass er ausserdem noch eine heillose Verwirrung in den Köpfen der Schüler zur Folge haben musste, bei denen nun geschichtliches Schriftbild und sogenanntes lautliches Schriftbild in wüstem Durcheinander den Kampf um die Herrschaft kämpften.

Nach dem Gesagten könnte es scheinen, als ob ich überhaupt jeder Verwendung der Lautschrift im Unterricht abgeneigt sei. Das ist jedoch keineswegs der Fall. Es ist vielmehr meine feste Überzeugung, dass die Lautschrift höchst zweckmässig im Unterricht verwandt werden kann, wenn sie aus dem lautlichen Unterricht herauswächst, sich als ein Erzeugnis lautlicher Vorschulung von selbst ergiebt.

Die Versuche, die ich im englischen und französischen Unterricht mit lautlicher Schulung und Lautschrift in der angedeuteten Weise angestellt habe, ermutigen mich kurz anzugeben, wie ich im Französischen vorgegangen bin, zumal ich auch glaube annehmen zu dürfen, dass derartige Versuche im französischen Unterricht noch nicht viel gemacht worden sind. Wenn sich dadurch der eine oder der andere Fachgenosse angeregt fühlt, auch seinerseits einen Versuch mit dem lautlichen Verfahren in der unten angegebenen Richtung zu machen, so ist der Zweck der nachfolgenden Zeilen erfüllt *).

Lautlicher Anfangsunterricht.

Fragen wir uns zunächst: Weshalb soll der französische Anfangsunterricht ein lautlicher sein?

Ich übergehe die Gründe allgemeiner Art, die dahin zielen zu zeigen, dass die lebenden Sprachen vor allem gesprochen, in zweiter Linie erst geschrieben werden, dass das Wesen des

---

*) Die III. deutsche Neuphilologenversammlung in Dresden (1888) hat fast mit Einstimmigkeit den Beschluss gefasst: „Der III. Neuphilologentag erklärt es für wünschenswert, dass weitere, möglichst zahlreiche Versuche mit der Lehrweise gemacht werden, die auf lautlicher Grundlage ruht und den zusammenhängenden Lehrstoff zum Mittelpunkt des Unterrichtes macht". — Ich bin überzeugt, dass Unterrichtsversuche uns in solchen methodischen Fragen ungleich weiter bringen als theoretische Erörterungen.

Wortes der Laut ist, die Schrift nur ein Abbild desselben und zwar ein Abbild, das dem heutigen Lautbestand nicht mehr ganz entspricht. Niemand wird heutzutage eine lebende Sprache nur durch das Auge lehren wollen. Der gänzlich „stumme Betrieb" der Sprache findet im Ernste keine Verteidiger mehr. Sobald aber der Schüler die Sprache auch sprechen lernen soll, darf er wohl verlangen, dass man ihn dieselbe möglichst so lehre, wie sie der gebildete Teil des betreffenden Volkes spricht. Es setzt dies voraus, dass eine als allgemein gültig anerkannte französische Aussprache besteht. Das dürfte aber in der That der Fall sein. Die grosse Masse der französisch sprechenden Gebildeten ist über die Hauptpunkte der Aussprache — und auf diese kommt es im Klassenunterricht nur an — einig, während das Entsprechende von der Aussprache des Deutschen nicht behauptet werden kann. „Dialektfreies Deutsch" ist noch nicht das Eigentum aller Gebildeten Deutschlands geworden.

Der Schüler, der mit dem 9. oder 10. Jahre den Unterricht im Französischen beginnt, bringt den Lautbestand mit, der seinem anerzogenen Deutsch eigentümlich ist. Es sind die Laute, welche er von seinen Eltern, Geschwistern und seiner sonstigen näheren Umgebung gelernt hat, die er unbewusst, aber mit grosser Treue und Genauigkeit in sich aufgenommen hat. Diese Aussprache ist etwas gemildert durch die drei oder vier Jahre Unterricht, die der Schüler in der Elementar- oder Vorschule schon genossen. Legt man nun dem Schüler, wie bei seinem ersten deutschen Leseunterricht, das gedruckte französische Schriftbild vor, so wird er ganz unbefangen seine mundartlich deutsche Aussprache ins Französische hinübernehmen, wenn man ihn gewähren lässt; und wir erhalten so — falls der Lehrer nicht Mittel und Wege findet, dies zu verhindern — das schlesische Französisch, das sächsische Französisch, das hessische Französisch, das westphälische Französisch u. s. w. Selbst derjenige Schüler, der so wenig als möglich „dialektisch" spricht, dessen Aussprache der idealen hochdeutschen so nahe als möglich kommt, wird im günstigsten Fall nur ein Deutsch-französisch zu Stande bringen, d. h. ein Französisch, das geschrieben gedacht vielleicht richtig ist, gesprochen aber vollständig deutschen Lautcharakter hat.

Wie kann der Schüler nun verhindert werden, seine deutschen Laute auf das Französische zu übertragen?

Die erste und unerlässlichste Bedingung ist natürlich die, dass der Lehrer nicht dieselbe landschaftlich deutsch-französische Aussprache zu eigen hat. Ist derselbe sich eines Unterschieds zwischen der deutschen und französischen Aussprache nicht bewusst, so wird er gut thun, sich nicht mit lautlichem Anfangsunterricht aufzuhalten, sondern an der Hand seines Lehrbuches einem möglichst „stummen Betrieb" der Sprache zu huldigen. Lautlicher Unterricht wäre in diesem Falle nicht nur Zeitvergeudung, sondern sogar gefährlich.

Der Lehrer, der die Absicht hat, seine Schüler gewissenhaft in die Aussprache der fremden Sprache einzuführen, kann dabei auf verschiedene Weise verfahren. Er kann an der Hand des Lehrbuches vorgehen, bei aufgeschlagenem Buche die Wörter und Sätze einzeln vorlesen und nachlesen lassen, die Fehler berichtigen, wieder vorsprechen u. s. f — oder er kann die betreffenden Wörter und Sätze bei geschlossenem Buche vorsprechen und auf die entsprechende Weise einüben. — Die letztere Art scheint mir den Vorzug zu verdienen. Die Schüler werden dabei nicht durch das Schriftbild zum Lesen, d. h. unbewussten Übertragen in die heimatlichen Laute verführt. Das Schriftbild bleibt ihnen vor der Hand völlig verborgen, und sie haben ihre ganze Aufmerksamkeit darauf zu lenken, möglichst getreu die vom Lehrer vorgesprochenen Laute nachzuahmen. Natürlich werden sie anfangs immer wieder in den Fehler verfallen, ihre deutschen Laute hervorzubringen,

1 *

statt der gehörten, ja sie werden zuerst oft nicht einmal merken, dass ein Unterschied zwischen den vorgesprochenen und den nachgeahmten Lauten vorhanden ist.

Dass das nachgesprochene Wort dem vorgesprochenen nicht gleicht, hat seinen Grund darin, dass gewisse Einzellaute in beiden Sprachen verschieden sind. Um nun die dem Französischen eigentümlichen Laute den Schüler zu lehren, kann der Lehrer entweder die französischen Wörter vorsprechen, ohne sie in die einzelnen Laute zu zerlegen, indem er durch fortgesetzte mündliche Einübung Ohr und Sprachwerkzeuge mit der Zeit an die richtigen Laute zu gewöhnen sucht, oder er kann auf die kleinsten Bestandteile des Wortes, auf die Einzellaute, zurückgehen, indem er diese einübt und sie dann zu Ganzen zusammensetzt. Nach vielfachen Versuchen habe ich gefunden, dass das Ausgehen von den Einzellauten schneller und sicherer zu einer guten Aussprache führt als der erstgenannte Weg.

Nun wird es sich als nützlich, ja als ganz notwendig erweisen, dass wir gewisse Laute neben einander üben, solche Vokale z. B., die im ganzen mit derselben Mundstellung hervorgebracht werden (so die Vokale in pas und en, in tort und on, in tête und main, in heure und un) oder solche Konsonanten, die mit ganz derselben Mundstellung erzeugt werden und sich nur durch das Mitwirken oder Nichtmitwirken des Stimmtons von einander unterscheiden (so f und v in faux und vaux, š und ž in champ und gens oder Jean, p und b in pot und beau u. s. w.). Daher empfiehlt sich eine planmässige Einübung der französischen Laute mit besonderer Berücksichtigung dessen, was sie von den deutschen unterscheidet.

Hierbei wird man sich vor die Frage gestellt sehen: Sollen die Laute als Einzellaute so lange geübt werden, bis alle oder fast alle Schüler sie richtig mit dem Ohre aufgefasst haben und bewusst richtig hervorbringen, oder genügt es, sich vor der Hand über die Hauptpunkte, auf die es dabei ankommt, mit den Schülern zu verständigen, durch eine Übersicht über die französischen Laute eine Grundlage für das Verständnis zu legen, auf der man sicher weiter aufbauen kann? An und für sich genommen dürfte das erstere Verfahren wohl das richtige sein. Im praktischen Unterricht aber thut man besser sich für das zweite zu entscheiden. Der Lehrer wird nämlich finden, dass gewisse Laute den Schülern viele Schwierigkeiten machen, — ich erinnere nur an die Nasalvokale in Norddeutschland, an die v-, s-, z-, š-, ž-, p-, b- u. s. w. Laute in Mittel- und Süddeutschland — so dass im Klassenunterricht immer eine grössere Anzahl von Stunden erforderlich sein dürfte, bis die fremden Laute der Mehrzahl der Schüler zu fester Gewöhnung geworden sind. Einzelne Schüler werden selbst nach vielen Wochen noch Schwierigkeiten finden. Wollte man nun längere Zeit hindurch weiter nichts treiben als Einübung der Einzellaute, so fürchte ich, wird auch bei dem regsamsten und geschicktesten Lehrer die Schüler ein Gefühl der Langweile und Teilnahmlosigkeit überschleichen. Die Schüler verlangen Inhalt, die Form kann sie auf die Dauer nicht packen.

Ich habe daher in zwei Stunden vorbereitende Übungen angestellt und habe dann zur weiteren Einübung der Laute als Einzellaute und in ihrer Verbindung mit anderen ein kleines Gedicht durchgenommen, das zugleich singbar war; dann folgten kleine Erzählungen. Zu dieser weiteren Einübung wird man auch anderes heranziehen können. So scheint mir der Vorschlag Dörr's *), die Zahlen zuerst einzuüben, sehr beachtenswert; ebenso erscheinen kleine

---

*) In dem Vortrage auf der III. Neuphilologen-Versammlung zu Dresden über „die Reform des neusprachlichen Unterrichtes."

Gedichte, die sich schnell dem Gedächtnisse einprägen, zweckmässig. Dass auch mit grossem Nutzen von den allerersten Stunden an von der Anschauung (nächste Umgebung, Anschauungsbilder) ausgegangen werden kann, bin ich überzeugt und ich möchte weitere Versuche in dieser Richtung warm befürworten. Ich habe solche Übungen noch nicht gleich von den ersten Stunden an vorgenommen, sondern erst nach einiger Zeit damit begonnen; glaube aber sicher, dass sie wesentlich dazu beitragen werden, von vorn herein das Interesse der Schüler zu gewinnen und sie mit Eifer für den Unterricht zu erfüllen.

Weshalb ich es für ratsam halte, singbare Gedichte, Lieder, im fremdsprachlichen Unterrichte zu verwenden, habe ich auf der Frankfurter II. allgemeinen deutschen Neuphilologen-Versammlung schon erwähnt*). Für den ersten Unterricht ist das Singenlassen des französischen Textes von grossem Werte. Es unterstützt die Einübung der Laute nicht merklich, nicht nur der Nasalvokale, die beim Gesange lange angehalten werden müssen und dadurch besser als reine Vokale zur Geltung kommen, sondern auch der übrigen Laute. Ausserdem dient es zur Belebung des Unterrichts und empfiehlt sich auch für die übrigen Klassenstufen. Wir erhalten auf diese Weise für den Anfangsunterricht den folgenden Plan:

1. Grundlegende Einübung der Einzellaute in etwa 2 Stunden
2. Fortgesetzte Einführung in die Aussprache durch weitere Einübung der Einzellaute und durch Einführung in zusammenhängenden Sprachstoff: Übungen an der Lauttafel. Einübung eines Liedes. Sprechübungen auf Grundlage der Anschauung. Zahlen. Erzählungen. Daneben kleine Gedichte.

Ich verkenne nicht, dass bei diesem Verfahren die Schwierigkeit besteht, dass der Lehrer in der ersten Zeit ohne Lehrbuch unterrichtet und dass grössere geistige und körperliche Anforderungen an ihn gestellt werden; aber jeder, der auf ähnliche Weise die Einführung in die Kenntnis der fremden Sprache versucht, wird finden, dass die aufgewandte grössere Mühe nicht umsonst ist und dass es dem Lehrer höhere Befriedigung gewährt, wenn seine eigene Persönlichkeit gegenüber dem Lehrbuch mehr in den Vordergrund tritt.

Phonetik im Klassenunterricht.

Wie soll nun der Lehrer bei der Einübung der französischen Laute vorgehen? Dass er die sicheren Ergebnisse der Phonetik zur Unterstützung heranzieht, so weit er sie heranzuziehen für nützlich hält, darin werden alle einig sein; auch darin, dass es unrecht sein würde, wollten wir ein dem Unterricht zweckdienliches Hilfsmittel von der Hand weisen. Dem Schüler, dem es durch blosse Nachahmung nicht gelingt, den richtigen Laut zu treffen, seinem Fassungsvermögen verständliche und ausführbare Anleitung zu geben, wie er seine Sprachwerkzeuge zu verwenden hat, das liegt so nahe, als dass man es noch besonders hervorzuheben brauchte. Dies ist wohl auch thatsächlich von allen Lehrern bei einzelnen Lauten immer geübt worden, so bei dem der Buchstabenverbindung th im Englischen entsprechenden Laute.

Über das genaue Mass der zu verbreitenden phonetischen Kenntnisse wird sich dagegen nicht leicht eine allgemein gültige Vereinbarung erzielen lassen. Ich halte dies auch nicht für

---

*) Verhandlungen der Neuphilologen. II. Jahrgang 1887. Hannover, Karl Meyer. S. 33 ff.

unbedingt notwendig und meine, man solle dies getrost der Einsicht des betreffenden Lehrers überlassen. Das setzt voraus, dass der Lehrer sich mit den Ergebnissen der jungen Wissenschaft bekannt macht, damit er sich in den Stand setze, die zur Erreichung einer guten Aussprache zweckmässigen Hülfen dem Schüler zu geben *). —

Die meisten Fachgenossen werden ihre Zustimmung zu dem Satze erteilen, dass die Phonetik nicht um ihrer selbst willen in den Schulunterricht gehört, dass sie nicht als Wissenschaft den Schülern gelehrt werden, sondern nur dem Lehrer die Waffen schärfen soll im Kampfe gegen die schlechte (d. h. deutschmundartliche) Aussprache der fremden Sprachen. Der Lehrer wird bei jungen Schülern noch viel von der Nachahmung erwarten dürfen. Bei 9—11 jährigen Schülern, wie wir sie im französischen Anfangsunterricht haben, ist ja die Nachahmung noch recht wirksam. Nun ist aber die Stundenzahl, in denen der Schüler Gelegenheit hat, französische Laute nachzuahmen, sehr gering gegenüber der grossen Anzahl von Stunden, in denen er deutsche Laute nachahmt. Schon diese Thatsache macht es wünschenswert, ihm ein sichereres Hülfsmittel für die Erlernung der fremden Laute zu liefern, als es die Nachahmung allein bietet. Dazu kommt noch, dass diese doch bei weitem nicht in allen Fällen ausreicht. Ich führe hierfür nur ein Beispiel an. In Gegenden, wo der dem deutschen Buchstaben „r" entsprechende Laut mit beiden Lippen gesprochen wird, wird durch blosses Vor- und Nachsprechen der Schüler schwerlich dahin kommen, das richtige französische (englische-, nord- und ostdeutsche) Lippenzahn-r hervorzubringen, das trotzdem von jenem verschieden genug klingt. Giebt man aber dem Schüler den phonetischen Wink, die Oberlippe ausser Thätigkeit zu setzen, so ist damit der Weg angegeben, auf welchem der Schüler mit einiger Übung sicher zum richtigen Laute geführt wird. Dergleichen Beispiele könnten noch recht viele angeführt werden. Deshalb trete also da, wo die Nachahmung allein nicht sicher und schnell genug zum Ziele führt, die Phonetik im Unterricht ein **).

Ich halte es für unnötig, dem Schüler einen genaueren Einblick in den Bau der Sprachwerkzeuge zu verschaffen. Wenn man so nebenher im Unterrichte die Hauptsachen aus ihnen heraus fragt, über den Weg, den der Luftstrom nimmt, über den Ort und die Art der Bildung des Stimmtones, über die Teile des Mundes, so scheint mir dies genügend. Ich gehe noch weiter. Dass der Schüler den Unterschied zwischen Vokalen und Konsonanten kennen muss, ist selbstverständlich. Dass er auch mit der Zeit sämtliche Reibelaute und sämtliche Verschlusslaute wissen wird, wenn die Laute mit Hilfe der im Zimmer hängenden Lauttafeln fortgesetzt geübt werden, erscheint nicht zweifelhaft. Ich halte es aber für unnötig, die Laute zu dem Zwecke und mit der Absicht zu üben, dass der Schüler die Laute nach ihrer Art, dem Orte ihrer Hervorbringung u. dergl. von Anfang an erklären (z. B. t als stimmlosen Zahnzungen-Verschlusslaut) oder der Reihe nach aufzählen lerne. Verlieren wir die Hauptsache nicht aus den

---

*) Vergl. den Aufsatz Dörr's: „Die Aufgaben der modernen Philologie in der Gegenwart." Neuphilologische Beiträge. Hannover 1886 S. 38 ff.

**) Dass die Nachahmung allein nicht zum Ziele führt, sieht man aus der grossen Zahl derer, die im Auslande längere Zeit verweilt und doch mit sehr ungenügender Aussprache wieder kommen. Ich kenne einen Herrn, der als Dreissiger nach England ging und dort ungefähr 20 Jahre zugebracht hat; derselbe spricht nicht nur den th-Laut wie mitteldeutsches s oder d, sondern fast sämtliche Vokale und Konsonanten wie in seiner Muttersprache. Hätte dieser Herr in seiner Jugend auch nur ein Vierteljahr lang lautlichen Unterricht genossen, so würde er sich gewiss eine bessere Aussprache angeeignet haben; so aber merkt er gar nicht, dass seine Aussprache mangelhaft ist.

Augen: Erzielung einer guten Aussprache! Alles Andere ist Nebensache. Beschreibung des Kehlkopfes, Querschnitt des Mundes u. dergl. halte ich also im Klassenunterricht für entbehrlich. Die phonetischen Hilfen nun werden sich auf **Erreichbares** zu erstrecken haben. Dazu gehört die Lippenthätigkeit, die Weite der Mundöffnung (Grösse des Kieferwinkels), zum Teil die Zungenthätigkeit (im Französischen in gewissem Falle auch die Zäpfchenthätigkeit) und die Mitwirkung des „Stimmtones“. Mit diesen Hilfen kann schon sehr viel erreicht werden. Von besonderer Wichtigkeit ist es für das Französische, die Lippenthätigkeit, die in gewissen Teilen Deutschlands recht schlaff, fast englisch, überall aber geringer als im Französischen ist, gehörig anzuregen und zu regeln. Wird neben dem richtigen Beachten der Stimmhaftigkeit bezw. Stimmlosigkeit der Konsonanten durch geeignete Hilfen auch nur dieses erreicht, so ist damit schon viel gewonnen. Andererseits werden wir es durch geeignete Anleitung und Übung erreichen können, dass der Schüler auch für die Stellung der Zunge und ihrer Teile ein gewisses Örtlichkeitsgefühl gewinnt, das ihn befähigt, der Zunge diejenige Stellung zu geben, die zur Hervorbringung des richtigen fremden Lautes nötig ist *).

Die Art der zu erteilenden phonetischen Winke wird je nach den verschiedenen Gegenden verschieden sein. Will der Lehrer die Fehler wirksam bekämpfen, so muss er die Eigentümlichkeiten der deutschen Aussprache seiner Schüler gewissenhaft zu erkennen sich bemühen. Am leichtesten wird ihm das gelingen, wenn er nicht selbst mit denselben behaftet ist, sei es dass er aus einem anderen Landesteile stammt oder dass er durch längeren Aufenthalt in anderen Sprachgegenden sich über die heimatliche Mundart erhoben hat. Von diesem Gesichtspunkte aus muss es für sehr zweckmässig gehalten werden, dass ein Austausch von Lehrern verschiedenartiger Sprachgebiete stattfindet. Ein solcher Austausch würde auch nebenbei der Aussprache unserer eigenen Muttersprache, die bis jetzt noch sehr stiefmütterlich bedacht wird, zu beträchtlicher Förderung gereichen **).

Ich sagte schon, dass je nach den verschiedenen Gebietsteilen der Schwerpunkt des lautlichen Vorunterrichts an ganz anderer Stelle liegen wird. Im niederdeutschen und im schlesischen Sprachgebiet wird er mehr auf die Übung der Vokale, einschliesslich der Nasalvokale, als auf

---

*) So halte ich es für sehr wohl möglich, — und im Gegensatz zu Christian Eidam (Phonetik in der Schule? Würzburg, 1887. S. 4) auch für angebracht, — den Schülern im Anfangsunterricht den englischen r- und l-Laut beizubringen.

**) Schön sagt München: Zur Förderung des französischen Unterrichts, Heilbronn 1883, S. 35/36: „Eine alles berücksichtigende Karte der Aussprache Deutschlands würde ein Bild von so unvergleichlicher Buntheit und Zerrissenheit geben, dass die politische Karte der Zeit der schlimmsten Kleinstaaterei einfach dagegen aussähe. Die Augen oder vielmehr die Ohren sind dafür im allgemeinen noch nicht geöffnet, weder für die Tiefe des nationalen Standpunktes noch für die Berechtigung oder Notwendigkeit des gemeinsamen Emporstrebens. Die Ehre und Würde der deutschen Sprache überhaupt ist noch so jung, die deutsche Einheit noch viel jünger. Aber die centripetale Kraft, die in dem deutschen Volkskörper waltet, muss und wird nach und nach auch hierin über die centrifugale siegen. Neben die natürliche Fortentwicklung der Laute nach immanenten Gesetzen muss die Bildung derselben durch den Willen, die Beugung unter eine Norm, ein deutsches Aussprachideal treten. Das zu fördern wäre einer höchsten wissenschaftlichen Centralstätte nicht unwürdig. Die Wirklichkeit bietet es jetzt nirgendwo dar; selbst die gute Theatertradition, die den einzigen Anhalt gewährt, ist locker; Kanzel und Barreau scheinen von einer Ehrenpflicht nach dieser Seite hin kaum etwas zu ahnen; die höheren Schulen entwickeln eine durchaus unzulängliche Thätigkeit, die der Volksschule, deren Lehrer grossenteils aus dem Kirchspiel hervorgehen, ist noch weniger genügend. Hier ist also eine grosse gemeinsame Arbeit der Nation Bedürfnis und muss als solches vor allem anerkannt werden; bis jetzt macht sich vielfach noch gradezu der Trotz der Stumpfheit breit.“

diejenige der Konsonanten gelegt werden müssen, in Süd- und noch mehr in Mitteldeutschland auf den Vokal- und Konsonantenbestand. Während der Lehrer in Frankfurt a. M. die Anlage für die Aussprache der Nasalvokale vorfindet, wird er im nördlichen und östlichen Deutschland durch dieselben auf eine böse Geduldsprobe gestellt. Am meisten aber tritt der Nutzen der genauen, unausgesetzten lautlichen Vorbildung in den Gegenden zu Tage, deren heimatliche Mundart die Stimmlosigkeit und Stimmhaftigkeit der Konsonanten nicht auseinander hält. Hier, im oberdeutschen Sprachgebiet (mit Ausnahme von Schlesien), also in ganz Mittel- und Süd-Deutschland, ist genaue lautliche Schulung besonders angezeigt, sie ist gradezu eine Notwendigkeit. So lange nicht jeder einzelne Schüler zum bewussten Erkennen des Unterschieds zwischen stimmlosen und stimmhaften Lauten vorgeschritten ist, bleibt aller Aussprache-Unterricht ein Tappen im Finstern, ein Aufbau auf unsicherer Grundlage. Schon die Schwierigkeiten, welche die Schüler im sicheren Erfassen der deutschen Rechtschreibung haben, sollten den Lehrern ein Fingerzeig sein, dass in der fremden Sprache nicht auf dieselbe Weise weiter gearbeitet werden darf. Die lautliche Vorbildung bedeutet nicht nur für den ganzen Gang des mündlichen Unterrichtes ein reichliches Mass an Zeitersparnis, sondern ist daneben auch die sachgemässe Vorbereitung für die Beherrschung der Schreibung der fremden (und der deutschen) Sprache. Denn worin haben, um nur vom Deutschen zu reden, die ewigen Fehler in der Verwechslung von b und p, d und t, g und k, s und ß (in manchen Gegenden sogar r und ch) ihren Grund, wenn nicht in einer Aussprache, welche die benachbarten Laute nicht auseinander zu halten im stande ist? Hier muss durch bewusstes Erkennen des Richtigen und durch feste Gewöhnung an das Richtige eine Besserung von grund auf angestrebt werden!

Die Einführung in die französische Aussprache.

Wenn ich im folgenden einige Punkte heraushebe, welche die französische Aussprache betreffen, so thue ich dies nicht in der Absicht, für die Wissenschaft der Phonetik irgend etwas Neues zu liefern. Für diejenigen, welche sich mit der französischen Phonetik näher bekannt machen wollen, verweise ich auf die Werke von Paul Passy und Franz Beyer, ausserdem auf die Werke allgemeineren Inhalts von Sievers, Sweet, Techmer, Trautmann, Victor; sowie auf die Schriften von A. Rambeau und P. Schumann, welche den Klassenunterricht berücksichtigen *).

*) Paul Passy: „Les Sons du Français" (Paris, 0,75 fr.). — Franz Beyer: „Das Lautsystem des Neufranzösischen" und „Französische Phonetik" (Cöthen). — E. Sievers: „Grundzüge der Phonetik" (Leipzig, III. Aufl. 1885. — H. Sweet: „Handbook of Phonetics" (Oxford 1877). — F. Techmer: „Phonetik" (Leipzig 1880, 2 Bde.). — Trautmann: „Die Sprachlaute im allgemeinen und die Laute des Englischen, Französischen und Deutschen im besonderen" (Leipzig, 1. Teil 1884—86). — W. Victor: „Elemente der Phonetik und Orthoepie des Deutschen, Englischen und Französischen" (Heilbronn, 2. Aufl. 1887). — A. Rambeau: „Die Phonetik im französischen und englischen Klassenunterricht" (Hamburg 1888, 1 M.). — P. Schumann: „Französische Lautlehre für Mitteldeutsche" (Dresden 1884, 0,80 M.). — Sehr empfehlenswert sind die Texte in P. Passy's: „Le Français parlé" (Heilbronn, 2 M.) und Felix Franke's „Phrases de tous les jours" (Heilbronn 1886.). — Phonetische Fragen behandeln die „Phonetischen Studien" herausgegeben von W. Victor und „Le Maître phonétique" (vor dem 1. Januar 1889 als „The Phonetic Teacher") herausgegeben von P. Passy. — Die Abhandlung von Oberlehrer Dr. Badke „Die Anfangsgründe im Französischen

Meine Absicht dabei war, über die Aussprache der Laute als Einzellaute und in ihrer Verbindung nicht vom Standpunkt des Phonetikers, sondern von dem des Lehrers aus zu sprechen. Ich wollte die Punkte herausgreifen, welche mir im Klassenunterricht deutscher Schulen besondere Aufmerksamkeit zu erfordern scheinen, und zugleich mehr das Ergebnis praktischer Erfahrungen im Unterricht darstellen als wissenschaftliche Erörterungen geben.

Die Einzellaute.

Die Vokale.

Der Unterricht wird mit Hülfe von Lauttafeln erteilt. Die von mir im französischen Unterrichte benutzte Vokaltafel*) hatte folgende Form:

Ich hatte mit Absicht diese mehr schematische Gruppierung der Vokale gewählt, um nicht durch eine mehr lautphysiologisch aussehende abzuschrecken, neige indessen jetzt mehr der folgenden zu:

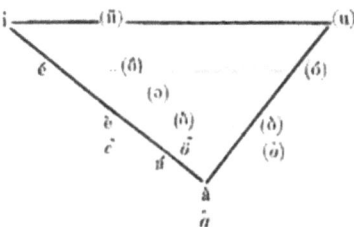

Diese (Vietor'sche) Tafel nimmt in ihrer Form mehr auf die entsprechende Zungenstellung Rücksicht, was auf keinen Fall schaden kann **). Die gerundeten Laute sind durch ( ) bezeichnet;

auf phonetischer Grundlage" (Jahresbericht des Realgymnasiums zu Stralsund, 1888) ist mir erst nach Fertigstellung meiner Arbeit bekannt geworden.

*) Wir haben unsere Lauttafeln unter gütiger Mithülfe des Zeichenlehrers von geschickten Schülern in schwarzer Tusche 70 cm, hoch und 90 cm, breit herstellen lassen. Rambeau hat bei Otto Meissner in Hamburg Lauttafeln für den französischen und englischen Klassenunterricht anfertigen lassen, welche käuflich zu haben sind (alle vier Tafeln auf Papier 4 M).

**) Auch Rambeau giebt fast dieselbe Anordnung. — Walter (der französische Klassenunterricht, Marburg,

ê, ã, ô, õ, bedeuten die Nasalvokale. Ich glaube übrigens nicht, dass auf die Form der Tafeln viel ankommt; auch der Beschaffenheit der Lautzeichen lege ich keinen grossen Wert bei. Die Hauptsache ist, dass die Schüler den Wert der Zeichen verstehn. Eine einheitliche Lautbezeichnung wäre allerdings wünschenswert.

Die Zeichen bedeuten der Reihe nach die Vokallaute in

Sire, dé*), père, tard, pâte, mort, mot, lourd

peur

me

peu

pur

peintre   entrez montre

humble.

Die Laute beginnen mit dem engsten Vokal mit breiter Lippenstellung und vorderer Zungenlage, schreiten zu dem offensten Laute mit tiefster Zungenlage, dem â, vor und gehen dann zu den gerundeten Lauten bis zum engen u mit hinterer Zungenlage weiter. Zungenstellung des è mit Lippenrundung des ô giebt ö; Zungenstellung des é mit Lippenrundung des ô giebt ő; Zungenstellung des i mit Lippenrundung des u giebt ü. ə steht zwischen ô und ő.

Auf die Länge oder Kürze (Quantität) der Vokale ist hierbei keine Rücksicht genommen. Die Vokale werden (mit Ausnahme von ə, das den kurzen gerundeten, „tonlosen" Laut in me bezeichnet und nur an unbetonter Stelle vorkommt) sämtlich als lange eingeübt, ganz lang ausgehalten, damit Zunge und Lippen sich recht an die vorschriftsmässige Stellung gewöhnen. ə wird am besten später an Wörtern eingeübt. Es ist wichtig, dass von vorn herein auf ordentliche Lippenthätigkeit und straffe Zungenlage gehalten wird. Werden die Vokale kurz gebraucht, so bewahren sie trotzdem im Französischen ihren straffen, reinen Charakter; sie werden eben nur kürzer gesprochen. ô und ő kommen im „guten Deutsch" nicht lang vor, sondern nur kurz und daher „getrübt".

Ein Punkt, der nicht überall die genügende Beachtung findet, ist der Unterschied zwischen dem hellen, engeren á, das etwas ə-artiges an sich hat, und dem offensten Laut der ganzen Vokalreihe, dem â. Franz Beyer und Rambeau bezeichnen daher nach Storm's Vorgang jenen Laut mit à, „da er nach ä hin liegt". Ein Auseinanderhalten beider Laute scheint doch notwendig

Elwert, 1.20 ℳ S. 8) rät auf Victors Vorschlag die Nasalvokale von den Mundvokalen durch die Farbe zu unterscheiden: i, é, à, , u schwarz; ü, ö, ô blau: ê, â . . . . rot. — Paul Passy giebt in seinen „Sons du Français" folgende Form:

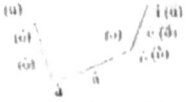

wobei für die Passy'schen Zeichen die oben gegebenen eingesetzt sind.

*) Sehr bemerkenswert ist, dass, wie Paul Passy (Les Sons du Français S. 38) hervorhebt, der Laut é nur in solchen Silben vorkommt, welche „offene" sind, d. h. mit einem Vokal endigen: schliesst die Silbe mit einem Konsonanten, so wird nicht é sondern è gesprochen. Daher j ai == žé, aber ai-je = éž. „L'Académie elle-même a reconnu l'existence de cette loi, en écrivant dans la dernière édition de son dictionnaire: collége, siège au lieu de collége, siège." — Nach diesem Gesetz muss also auch donné-je und donnai-je dŏnéž gesprochen werden.

zu sein *). Man denke nur, wie „Paris" im Munde des Franzosen klingt. Mir scheint á mindestens so nahe an è als an à zu liegen; pèrl klingt mir fast französischer als pàrl. — à dagegen in pas, l'âme ist ein tiefer, offener Laut, der im Munde des gewöhnlichen Mannes und dialektisch sich oft noch mehr dem ô nähert. Nach Storm (Englische Philologie, Heilbronn 1881, S. 69) fassen die Engländer daher französisches „pas" gewöhnlich als ihr „paw", „patte" als ihr „pat" auf. Dass selbst gebildeten Franzosen übrigens dieser Unterschied nicht zum Bewusstsein kommt, darf uns nicht wundern oder stutzig machen. Der Grund dafür liegt eben darin, dass beide Laute durch denselben Buchstaben wiedergegeben werden und jeder von seiner Schulzeit her gewöhnt ist, bei allen solchen Fragen von der Schreibung auszugehen. Auf die beiden verschiedenen a-Laute muss grosse Sorgfalt verwandt werden; das mehr vorn im Munde, nach è hin liegende, palatale, mit breiterer Lippenstellung gesprochene á in rat, part darf nicht mit dem ganz offenen à in ras, pas verwechselt werden, bei dem die Mundöffnung so weit als möglich ist. Beide a werden in den meisten Lehrbüchern, deutschen und französischen Ursprungs, als ein und dasselbe behandelt, was wohl darin seinen Grund hat, dass beide in der Schrift mit demselben Zeichen wiedergegeben werden **). Anleitung zur richtigen Aussprache der Wörter mit a findet man in Paul Passy's „Le Français parlé", und in den „Phrases de tous les jours" von Felix Franke. é und è müssen genau auseinander gehalten werden. In vielen Gegenden herrscht die Neigung vor, das è nicht offen genug zu geben.

Auf rege Lippenthätigkeit ist besonders bei den gerundeten Vokalen ò, ó, u; ǒ, ö, ü zu achten. Dieselbe ist bei den entsprechenden deutschen Lauten in vielen Gegenden eine recht matte und nähert sich mehr derjenigen der Engländer; fast überall in Deutschland ist sie geringer als im Französischen.

---

*) „Im Allgemeinen sind die Vokalwerte ziemlich scharf geschieden und keineswegs, wie fremde Phonetiker noch vielfach angeben, von der Quantität abhängig" sagt Paul Passy: „Kurze Darstellung des französischen Lautsystems" in Victors Phonetischen Studien I, S. 26.

**) In den Lehrbüchern wird gewöhnlich nur langes und kurzes a oder langes, mittleres und kurzes a unterschieden. Bei solchen, welche die beiden Laute auseinanderhalten, finden sich bezüglich der Kennzeichnung derselben oft die widersprechendsten Angaben. So sagt z. B. Albert Richard, Professeur de littérature comparée à l'Académie de Genève, in seinem Manuel de Prononciation, Genève 1871: A est long et fermé: 1°. lorsqu'il est marqué d'un accent circonflexe. Exemples: pâle, pâtre u. s. w. .... A est long et ouvert dans les finales: age. Ex.: rage, carnage. —ar, de quelque manière que le son soit écrit. Ex.: char, hasard, tu pars, rare, bizarre. — Wir würden die beiden Laute grade umgekehrt benennen. Gut bezeichnet Karl Sachs in seinem Wörterbuch den Laut in las, pâte, âme als „tiefen, beinahe in der Kehle liegenden Laut, der hinten im Munde, über der Zungenwurzel, an die Gaumenwölbung schlägt", während „der Laut des hohen (scharfen, hellen) a (in lac, madame, vague) im Vorderteil des Gaumens, hinter der oberen Zahnreihe, liegt".

Es ist mir öfter vorgekommen, dass gebildete Franzosen, die in ihrer Aussprache die beiden a-Laute sehr wohl auseinander hielten, von dem Vorhandensein zweier Laute nichts wussten und selbst auf Befragen dasselbe nicht zugeben wollten. Sie sagten, beide Laute seien eben a, und waren sich nicht bewusst, dass sie dabei mehr an den Buchstaben als den Laut dachten und beide nicht trennen konnten — eine Erscheinung, von der wir uns alle Tage auch bei uns überzeugen können. Man frage nur einen Deutschen etwas aus dem Gebiete der Aussprache, und man wird die erstaunlichsten Dinge zu hören bekommen. So behauptete neulich jemand alles Ernstes „mein" und „Main" enthielten verschiedenartig ausgesprochene Vokale. Der Betreffende, der nicht etwa aus der Provinz Preussen stammte, machte in seiner Aussprache selbst keinerlei Unterschied. Aber da das Schriftbild ein anderes war, bildete er sich ein, es müsse wohl auch anders lauten. Dieses Beispiel sollte uns zugleich zeigen, wie sehr Vorsicht im Verkehr mit Ausländern am Platze ist; es beweist, dass man auf ihre Äusserungen nicht zu viel geben, sondern sie selbst vielmehr nur als schätzbares „Beobachtungsmaterial" benutzen darf.

2 *

Wir sehen, dass durch diese Vokalübungen Zunge und Lippen in eine strengere Zucht genommen werden als im Deutschen. Sie stellen daher, auch ganz an und für sich betrachtet, eine recht heilsame „Sprechgymnastik" dar.

Auch der Laut ə giebt zu Bemerkungen Anlass. Ich erblicke in ihm eine andere Quelle von Fehlern unserer Schulaussprache. Die Stellung, welche er auf der Tafel einnimmt, zeigt, dass er zu den gerundeten Lauten gehört. Er ist noch enger als ö, neigt also etwas mehr nach ö hin, ohne ganz so eng zu sein. Der Grund zu fehlerhafter Aussprache ist wie immer im Deutschen zu suchen. Wir haben die Neigung den Laut des unbetonten e in Güte, Liebe, Feuer ins Französische zu übertragen. Dieser deutsche e-Laut ist landschaftlich verschiedenartig; wohl stets aber fehlt ihm das dem Französischen eigentümliche Mass an Lippenrundung; das französische ə ist mehr ö als e oder ü. Man wird es richtig treffen, wenn man noch über die Enge des Lautes ö hinausgeht, welchen man öfter statt ə bei deutschen Schülern findet. Der ə-Laut ist m. E. derjenige Laut, der sehr viel dazu beiträgt, unserer deutschen Schulaussprache, selbst in Nord-Deutschland, wo die Aussprache der Konsonanten befriedigt, ihr unfranzösisches Gepräge aufzudrücken, und an dem selbst Deutsche mit guter Aussprache als solche erkannt werden[*]).

Ich füge einige Worte über die Einübung der Laute hinzu. Die Lauttafel hängt vor der Klasse. Die Lautzeichen sind so gross und deutlich, dass jeder Schüler sie bequem erkennen kann. Der Lehrer spricht nun die einzelnen Laute recht deutlich und lang angehalten vor, indem er mit dem Stock auf das betreffende Lautzeichen weist, und lässt alle Schüler im Chor mit mässig lauter Stimme nachsprechen, so lange bis er das Zeichen zum Aufhören giebt. Abwechselnd nimmt er auch einzelne Schüler an die Reihe, im allgemeinen überwiegt aber bei dieser ersten Einführung in die Aussprache geregeltes Chorsprechen[**]), damit jeder Schüler so oft als möglich Gelegenheit hat den vorgesprochenen Laut nachzuahmen. Von grosser Wichtigkeit ist es auch, dass der Lehrer immer wieder von neuem vorspricht. Ohr und Sprachwerkzeuge des Schülers brauchen Zeit, sich an den fremden Laut zu gewöhnen. Wo es der Lehrer für ratsam hält, giebt er die nötigen phonetischen Hülfen.

Ich übe den Schülern zu den Lauttafeln keine Musterwörter ein, da ich möglichst bald nach gegebener erster Grundlage, d. h. nach vorbereitender Durchnahme aller Einzellaute, zu zusammenhängendem Sprachstoff übergehe, an dem die Laute an sich und in ihrer Verbindung zu Laut- und Sinnganzen weiter geübt werden. Solche Musterwörter von vorn herein üben zu lassen, halte ich auch deshalb für nicht recht angebracht, weil sie Laute enthalten (hier Konsonanten), die noch nicht durchgenommen sind und daher nicht richtig nachgeahmt werden würden.

---

[*]) Er nimmt, wie P. Passy hervorhebt, eine Mittelstellung zwischen sämtlichen Vokalen ein: er ist palatal, die Mehrzahl der anderen französischen Vokale ist palatal (7 gegen 4); er ist gerundet: die Mehrzahl der anderen französischen Vokale ist gerundet (6 gegen 5). Er wird also für einen französischen Mund am leichtesten auszusprechen sein, und in der That haben die anderen unbetonten Vokale die Neigung sich in diesen ə-Laut aufzulösen. Vergl. Je faisais = žə fəzέ, monsieur statt məsjö = məsjö oder məsjö, wobei m mit gerundetem Stimmgleitlaut gesprochen wird. (Vergl. dazu den entsprechenden vom französischen verschiedenen englischen ə-Laut, der auch in unbetonten Silben eine so grosse Rolle spielt.)

[**]) Bei dem Chorsprechen muss darauf gesehen werden, dass jeder einzelne mit der Aufmerksamkeit und Anspannung mitwirkt, als ob er allein spräche. Alle setzen vollständig gleichzeitig auf das gegebene Zeichen ein, sprechen mässig laut und halten gleich lange aus. Dann werden Fehler einzelner leicht bemerkt. Dass das Chorsprechen in gedankenloses Mitsprechen ohne geistige Spannung ausarte, wird der Lehrer verhindern können.

Wenn die Schüler die einzelnen Vokale leidlich gut treffen und wissen, worauf es ankommt, — bei uns machen ɑ̃, ã, ɔ̃, ó, u, ö õ, ü Schwierigkeiten — werden Übungen angestellt im Aussprechen mehrerer Vokale hinter einander. Diese Übungen wie auch diejenigen mit den Einzellauten werden später am Beginn jeder Stunde fortgesetzt, auch in erweiterten Zusammenstellungen.

Ich habe noch nichts von dem Fehlen des Stimmbänder-Verschlusslautes (Knackgeräusches) beim Anlauten der Vokale gesagt, das dem Französischen in zusammenhängender Rede eigentümlich ist. Im Deutschen bringen wir dieses Knackgeräusch, das beim Öffnen der Stimmritze entsteht, beim Einzelvokal meist hervor; in zusammenhängender Rede jedoch bei vokalisch anlautenden Wörtern bei weitem nicht immer. Das Aussprechen des französischen Vokals bei schon geöffneter Stimmritze ohne dieses „Geräusch" liefert die notwendige Vorbedingung für das Überziehen, das Zusammenschweissen der Wörter innerhalb eines Lautganzen. Von diesem leisen Vokaleinsatz habe ich weder im französischen noch im englischen Anfangsunterricht gesprochen. Ich habe von dem Aussprechen der Einzelvokale für das Überziehen weniger Erfolg erwartet als von dem Einüben von Vokalreihen und später im Text von Sinnganzen, in denen das Gesetz der Bindung zur Ausführung gebracht ist. So wurden mehrere Vokale gebunden hinter einander gesprochen: zwei beliebige (i—ó, ó—ə̀, ó—ɑ̃, ó—ã, ó—ɔ̀, ó—ó, ó—u, ó—ɔ̃, ó—ɔ̀, ó—ü, i—ə̀, ə̀—i, u—ɑ̃, ɔ̀—ã, ü—ó . . . .) oder zwei, die dieselbe Zungen- bezw. Lippenstellung haben, aber verschiedene Lippen- bezw. Zungenstellung (i—ü, ü—i, ó—ɔ̃, ə̀—ɔ̀, ɔ̀—ɔ, ɔ̀—ó, ã—u) oder drei derartige (i—ü—u, ó—ó—ó, ə̀—ɔ̀—ɔ̀) oder die ganzen Reihen: i—ó—ə̀—ɑ̃—ã; ã—ɔ̀—ó—u; ã—ɔ̀—ɔ̀—ü; ã—ɑ̃—ə̀—é i u. s. w.*). Der Übergang zum neuen Vokal findet ohne Absetzen der Stimme auf ein Zeichen des Lehrers statt.

Hand in Hand mit diesen Übungen im Aussprechen der französischen Laute geht die Übung im richtigen Auffassen derselben. Man spricht den Schülern einen Vokal vor und lässt sie bestimmen, welcher Laut es war. Die Bestimmung wird sich hauptsächlich bei den Vokalen darauf zu erstrecken haben, ob der vorgesprochene Laut geschlossenes ó oder offenes ə̀ war, ɑ̃ oder ã, ó oder ɔ̀, ö oder õ, denn der Schüler muss dazu angeleitet werden, diese Laute sehr genau auseinander zu halten. Die Bestimmung seitens des Schülers geschieht in der Weise, dass er angiebt, der vorgesprochene Laut ist geschlossenes ó oder offenes ə̀ u. dergl., oder dass er an der Lauttafel auf das betreffende Lautzeichen zeigt. Diese letztere Art den Laut zu bestimmen wird erst nach Verlauf von einigen Stunden eintreten können, nachdem durch fortgesetzte mündliche Übung und gleichzeitige Anschauung der Lautzeichen diese sich als die Bilder der von den deutschen verschiedenartigen, französischen Laute den Schülern eingeprägt haben.

Statt die Vokale an sich vorzusprechen, kann der Lehrer beliebige Wörter vorsprechen und die Schüler die darin enthaltenen Vokallaute in der angegebenen Weise bestimmen lassen.

Im Anschluss an die Vokaleinübung ist auch vorbereitende Einübung der Lautverbindungen am Platze, die bald als Diphthonge oder als Halbvokal + Vokal oder als Konsonant gewordener Vokallaut + Vokal bezeichnet werden. Ich meine die Lautverbindungen in Wörtern wie *bien*

---

*) Vergl. A. Lange's bemerkenswerte Ausführungen in der Zeitschrift für neufranzösische Sprache und Litteratur, VIII. Bd.

(blê), roi (rñâ), lui (lũi)*). Von Vorteil ist es, solche Lautverbindungen wie té, tô, tê, tà, tô...; ûô, üà; ûé ûi-, ûô ... sorgfältig einzuüben. Besonders die Lautverbindung ûi in Wörtern wie lui, puis, ruine macht deutschen Schülern grosse Schwierigkeit und erheischt ganz besondere Aufmerksamkeit und Übung. Die Schüler sind gar zu sehr geneigt, in lui den ersten Bestandteil û getrübt zu sprechen und den zweiten offener, also auch getrübt, zu geben, so dass lui fast wie Louis (nach deutscher Aussprache) klingt.

Die vier Nasalvokale werden am besten in engem Anschluss an die entsprechenden vier offensten Vokale è, à, ô, ô eingeübt, da Zungen- und Lippenstellung und Mundöffnung bei beiden Arten von Vokalen ganz dieselben sind und nur der Weg, welchen der Luftstrom einschlägt ein anderer ist, indem er beim Nasalvokal durch Nase und Mund entweicht. Von phonetischen Angaben betreffs der Haltung des Gaumensegels, das den Weg des Luftstroms bestimmt, verspreche ich mir keinen Erfolg. Das örtliche Gefühl des Schülers, an das man sich betreffs der Lippen- und Zungenhaltung wenden kann, versagt hier. Nur fleissiges Vorsprechen und anhaltende Übung können Früchte tragen. Bei uns stellt sich tadellos reine vokalische Aussprache bei zahlreichen Schülern erst nach wochen-, ja monatelanger Übung ein.

Ich spreche à—û gebunden und lang gezogen vor und lasse im Chor nachsprechen; ebenso è—ê, à—â, ô—ô. Der Übergang erfolgt auf ein gegebenes Zeichen, ebenso das plötzliche Abbrechen des Nasalvokals. Letzteres soll mit dazu beitragen, den Schüler zu verhindern, den Laut in konsonantisches ɴ (ng) übergehen zu lassen. Denselben Zweck verfolgt auch das lang ausgehaltene**) Sprechen. Der Schüler, der den Fehler begeht, den konsonantischen Nasallaut ɴ zu

*) Fasst man diese Lautverbindungen als Diphthonge auf, so bilden sie steigende Diphthonge, d. h. solche, bei denen der erste Bestandteil unbetont ist, während der zweite den Ton hat. (Die Lautverbindungen in travail bataille, bouteille kann man dann entsprechend als fallende Diphthonge bezeichnen.) Im Französischen finden sich nur die drei engsten Vokale i, u und ü in solcher Verwendung an unbetonter Stelle vor betonten Vokalen. Nun ist aber die Mundstellung bei i, u, ü eine so enge, dass die Laute schon etwas von der Eigentümlichkeit konsonantischer Reibelaute an sich haben (vergl. die Laute in épi, débit; partout; je ne l'ai pas vu). Geht man nun ganz schnell über dieselben hinweg und auf einen betonten Vokal über, doch so dass i, u. ü. obwohl unbetont, vollkommen richtig, eng und ungetrübt (straffe Zungenhaltung) ausgesprochen werden, so tritt der konsonantische Charakter der engen Vokale noch mehr zu Tage. Deshalb bezeichnen einige diese kurzen nicht silbenbildenden Laute als Halbvokale, andere gehen entschiedener zu Werke und behandeln sie als vollkommene Konsonanten und behaupten, dass die französische Sprache keine Diphthonge kennt. (Man muss dabei jedoch absehen von gewissen Fällen, in denen Diphthonge dadurch entstehen, dass ein unbetontes vokalisches Wörtchen vor einem mit einem Vokale anfangenden Worte steht; et encore, à Onchy, à Angers, il n ouvert. Vergl. P. Passy; Les Sons, S. 37 Anm. 1.) So wird also in der Aussprache der meisten Franzosen i vor betontem Vokal zum Laute des erweichten l (j in unserer Lauttafel), u wird ein konsonantischer Laut ähnlich dem englischen Laut in which, entsprechend wird u konsonantisch; und zwar ist der konsonantische Laut stimmhaft nach stimmhaften Konsonanten, stimmlos nach stimmlosen. Also wird l in bien (blê) stimmhaft wie deutsches j, i in pion (pjô) stimmlos ähnlich dem deutschen „ch" in „ich", ebenso u stimmhaft in bois (bûa), stimmlos in poids (pûá); ü stimmhaft in buis (bûi), stimmlos in puis (pûi). Dieser Unterschied zwischen stimmlos und stimmhaft braucht bei der Einübung der Laute nicht berücksichtigt, die Schüler brauchen gar nicht auf denselben hingewiesen zu werden, denn die Stimmlosigkeit bezw. Stimmhaftigkeit ergiebt sich ganz von selbst aus dem Charakter der vorhergehenden Konsonanten (wie auch im Deutschen: vergl. norddeutsch Seheusal und Schicksal). Deshalb werden sie auch in der Lauttafel nicht besonders ausgedrückt; ich schreibe l (j), û, ü für die so konsonantisch gewordenen Laute.

**) Schon der verstorbene Albert Richard in Genf empfiehlt (Manuel de Prononciation. Genf 1871. S. 43) das langausgehaltene Sprechen der Nasalvokale für diejenigen Südfranzosen, welche den Konsonanten n hören lassen. Er sagt: „Le retentissement de l'n se corrige facilement si l'élève s'exerce quelque temps à prononcer un son nasal

sprechen, wird seinen Irrtum gewahr werden, wenn ihm zum Bewusstsein gebracht wird, dass der Laut, den er aushält (v, also $\check{e} = eng$), nichts Vokalisches an sich hat *). Der norddeutsche Schüler hat eben die Neigung die Zunge zurückzuziehen; dadurch wird der Mundverschluss des η hergestellt, und nun den reinen Vokal ist es geschehen. Ich habe Schüler gehabt, die nur durch gewaltsames Festhalten der Zunge zum Nasalvokale geführt wurden. Sie hielten sich vor dem Spiegel mit irgend einem passenden Gegenstande die Zunge in der Lage des Mundvokals fest und versuchten nun andauernd den Laut zu finden. Lang fortgesetzte Übung ist notwendig, aber mit der Zeit kann es doch jeder lernen, wenn man ihm ausserdem den französischen Laut immer wieder richtig vorspricht.

Die Konsonanten.

Die Konsonantentafel hat folgende Form:

	Nasen-laut. stimmhaft	l- Laut. stimmhaft	r- Laut. stimmlos.	Reibelaute stimmhaft	Verschlusslaute stimmlos. stimmhaft	
Lippen-Laute	m				p	b
Lippen-Zahn-Laute				f	v	
Zahn-Zungen-Laute	u	l	r	s	z	t	d
Vordergaumen-Zungen-Laute. .				š	ž	
Vordergaumen-Laute	ñ				j	
Hintergaumen-Laute			r			k	g

Die Zeichen bedeuten der Reihe nach die konsonantischen Laute in

mon *pas* *bas*
fin *rin*
non diable quatre *sel* *èle* *toit* *doigt*
chez j'ai
gagner voyage
quatre quand gant.

Die Dauerlaute sind vorangestellt, die Augenblickslaute an die letzte Stelle gesetzt. Dies ist aus Gründen der Zweckmässigkeit geschehen: Der Unterschied zwischen stimmlosen und stimmhaften Lauten, auf den es vor allem ankommt, lässt sich an den Reibelauten ungleich besser klar machen als an den Verschlusslauten, da man erstere aushalten kann, so lange der Atem reicht. Dies ist für die Einübung von Wichtigkeit. Ausserdem ist die Voranstellung dadurch

jusqu'au point de perdre le souffle; à dire, par exemple, long , , , , temps . . .* . . . Er fügt hinzu: „Le moyen, qui semble burlesque (!) au premier abord, est pourtant infaillible, si l'élève a quelque peu de persévérance"

*) Ein einfaches Mittel zu merken, ob man den französischen Nasalvokal oder den deutschen Nasenlaut in „eng" spricht, ist das folgende: Man hält die Nase zu. Dann kann nach der oben gegebenen Erklärung der französische Laut weiter gesprochen werden, da bei ihm die Luft durch Mund und Nase entweicht; der deutsche Laut verstummt.

begründet, dass die Dauerlaute den Vokalen, die selbst Dauerlaute sind, näher stehen als die Augenblickslaute. Die stimmhaften Laute sind den stimmlosen nachgestellt, da sie sich, mathematisch ausgedrückt, zusammensetzen aus den entsprechenden stimmlosen Lauten + dem Stimmton.

Es erhellt schon hieraus, dass der Hauptzweck der ganzen Übung der ist, dem Schüler so schnell als möglich den Unterschied zwischen stimmlosen und stimmhaften Lauten zum Verständnis zu bringen. Die nord- und ostdeutschen Fachgenossen haben in dieser Beziehung eine beneidenswert leichtere Arbeit; ihre Schüler bringen diesen Unterschied in ihrem Deutsch schon mit in die Schule, während unsern Schülern das Gefühl für Stimmlosigkeit und Stimmhaftigkeit vollständig abgeht und erst neu geschaffen werden muss. Man macht sich im Norden und Osten vielfach gar keine rechte Vorstellung, bis zu welchem Grade das Unterscheidungsvermögen mangelt. Da in der Muttersprache mittel- und süddeutscher Schüler die Verschlusslaute p, b; t, d; k, g *) und die Reibelaute s und z (reissen und reisen) nicht auseinander gehalten werden, sondern in der Aussprache in ein und denselben Laut zusammenfallen, der von beiden etwas an sich hat (er ist stimmlos aber weich), so geht den betreffenden nicht blos das Vermögen ab, die Laute richtig nachzuahmen, sondern auch überhaupt einen Unterschied zu merken **). Mit Hülfe der Nachahmung allein würde der Lehrer also hier nicht weit kommen. Wenn irgend wo, so muss hier die Phonetik eintreten.

Nimmt man hinzu, dass ausser den eben genannten Lauten die meisten Deutschen auch die Reibelaute f und v anders als im Französischen sprechen, dass deutsches š mit anderer Mundstellung hervorgebracht wird, dass ž in mittel- und süddeutschen Mundarten auch bei Fremdwörtern nicht vorkommt, dass r häufig ein dem „ch" ähnlicher Laut ist (Flur = Flug, Pflug, Fluch), dass j sich vielfach landschaftlich nur stimmlos vorfindet, dass endlich auch m und n ***) wie alle stimmhaften deutschen Konsonanten, selbst im reinsten Deutsch, nicht gleich stimmhaft angelautet werden, sondern stimmlos beginnen oder ganz stimmlos sind und dass ñ im Deutschen unbekannt ist — so bleibt in gewissen Gegenden nur das l als der Laut übrig, den der Schüler von allen seinen Konsonanten ohne weiteres in das Französische hinübernehmen darf — vorausgesetzt dass sein deutsches l auch wirklich das gute helle deutsche l ist und nicht wie in gewissen Landstrichen das dem Englischen ähnliche vollere und dunklere. Wir dürfen also getrost behaupten: im grössten Teil von Deutschland sind fast alle französischen Konsonanten neu einzuüben, in einigen Gegenden sämtliche.

Dieser Umstand scheint mir genügend für die Notwendigkeit lautlichen Unterrichtes zu sprechen. Gegen den Einwand: „Ja, so genau braucht man es aber auch mit der Aussprache

---

*) Daher das bekannte sächsische und anderweitige Buchstabieren mit „hartem t" und „weichem t".

**) Eine ganze Reihe mitteldeutscher Kollegen sagten mir unabhängig von einander, sie könnten zwischen stimmlosem s und stimmhaftem z keinen Unterschied hören, einige glaubten gar nicht, dass es „zwei verschiedene s" gebe; es hätte ihnen noch keiner dieselben so vorsprechen können, dass sie einen Unterschied hören konnten. Einer war der Meinung, „die 2 s" lebten nur in der Vorstellung einiger eifriger Phonetiker. — Ich kann hinzufügen, dass die betreffenden Kollegen, nachdem sie angefangen sich für die Sache zu interessieren, nach längerer Übung jetzt vom Dasein „zweier s" überzeugt sind.

***) m wird auch abgesehen davon in manchen Landschaften nicht ganz sorgfältig gesprochen, sondern mit nur schlaffem Lippenverschluss. Daher die häufige Verwechslung von m und n im Auslaute (mit seinen Bruder), die in Gegenden mit besserer Lippenthätigkeit nicht so häufig ist.

nicht zu nehmen! oder „Man muss nicht zu viel Wert auf die Aussprache legen!" wird wohl niemand eine ernste Widerlegung erwarten.

Der Grundsatz, dass wir da, wo die Nachahmung allein nicht zum Ziele führt, dem Schüler durch ausführbare phonetische Angaben zu helfen suchen, wird auch bei den Konsonanten zur Anwendung zu bringen sein. Zunächst suchen wir ihm ein Mittel an die Hand zu geben, wie er sich den stimmhaften Laut im Unterschiede vom stimmlosen selbst herstellen kann. Wir lassen ihn f oder š lang aushalten und dabei die Finger an den äusseren Kehlkopf („Adamsapfel") legen: er wird bei der Berührung nichts Besonderes spüren. Sodann lassen wir ihn m auf dieselbe Weise hervorbringen: er wird mit den Fingern ein Erzittern des Kehlkopfes bemerken. Wir erklären ihm, dass dieses Erzittern von den schwingenden Stimmbändern herrührt, dass man den hierdurch erzeugten Ton, der v von f, z von s, ž von š, b von p, d von t, g von k unterscheidet, den Stimmton nennt, und dass man Laute mit Stimmton als stimmhafte, solche ohne Stimmton als stimmlose Laute bezeichnet. Der Schüler wird so in den Stand gesetzt, selbst zu entscheiden, ob ein von ihm hervorgebrachter Laut stimmlos oder stimmhaft ist und wird nun finden, dass sämtliche Vokale stimmhaft sind. Zur Abwechslung kann man ihm zur Ermittlung der Stimmhaftigkeit auch die anderen bekannten Wege angeben: das Auflegen der flachen Hand auf den Kopf, das Zuhalten der Ohren mit beiden Händen; in beiden Fällen macht sich bei den stimmhaften Lauten ein Mitschwingen der ganzen Schädelwand fühlbar. Weiter kann man ihn aus dem Wesen der stimmhaften Laute und der Art der Tonbildung beim Gesang folgern lassen, dass man nur mit stimmhaften Lauten (am besten mit den reinen stimmhaften Lauten, den Vokalen) Melodien singen kann, nicht mit stimmlosen.

Durch fortgesetzte Übung und fortgesetztes Vorsprechen wird er nach einiger Zeit auch imstande sein die Art des Lautes mit blossem Ohr zu erkennen.

Ferner weist man den Schüler an, die stimmlosen Laute kräftiger als die stimmhaften hervorzubringen, die stimmlosen „weich", die stimmhaften „hart"; sämtliche Konsonanten straffer, fester, als es im Deutschen im allgemeinen geschieht. Wir sehen somit, dass auch hinsichtlich des Konsonantismus die französische Sprache die Sprachwerkzeuge in eine tüchtige Zucht nimmt *).

Bezüglich der einzelnen Laute beschränke ich mich auf wenige Bemerkungen. — f und v sind mit Unterlippe und oberen Schneidezähnen hervorzubringen, sie klingen dem ein wenig geübten Ohre verschieden von mittel- und süddeutschem f und w. Bei sämtlichen stimmhaften Lauten ist darauf zu achten, dass der Stimmton mindestens bei beginnendem Geräuschlaut einsetzt, nicht später wie im Deutschen. — Die vorderen Gaumenlaute liegen weiter vorn im Munde. — š und ž werden mit nicht so starker Lippenvorstülpung wie meist im Deutschen erzeugt, klingen daher schärfer und heller. — j braucht nur stimmhaft eingeübt zu werden; der stimmlose Laut, der sich nach stimmlosen Konsonanten vorfindet (le pied), macht keine Schwierigkeit und ergiebt sich in solchen Verbindungen ganz von selbst. Dasselbe gilt von dem stimmlosen l und r. — ñ wird am besten bis zuletzt aufgespart und in Wörtern vorgesprochen und geübt. — r wird als

---

*) Aus diesem Gesichtspunkte heraus ist von Schul-Phonetikern (so von Lange in Hamburg) die Ansicht ausgesprochen worden, dass das Französische unbedingt die fremde Sprache bleiben müsse, die dem Schüler als erste gelehrt werde. Ich möchte mich dem nicht ganz anschliessen und zu erwägen geben, ob dieser rein phonetische Standpunkt so schwer ins Gewicht fallen soll. Ein Versuch mit Englisch als Anfangssprache, wie Victor und andere wollen, scheint mir vielversprechend.

Zungen- oder Zäpfchenlaut angenommen, wie es dem Schüler am natürlichsten ist, muss aber jedenfalls ein Zitterlaut sein.

Die Verschlusslaute schliesslich werden mit der Lippenstellung des ə eingeübt; p, t, k vollständig stimmlos und hart, b, d, g stimmhaft als bə, də, gə und weich. Am Anfange werden wahrscheinlich die meisten Schüler die „harten" stimmlosen Laute p, t, k, besonders wenn sie mit starkem Luftstrom vorgesprochen werden, unwillkürlich mit folgendem h-Laut sprechen, wie das im Deutschen üblich ist; also père = pʰèr, temps = tʰä, car = kʰár. Diese Aussspracheweise liegt dem Deutschen sehr nahe. Ich halte es für den Anfang für das Wichtigste, dass die Laute recht scharf und stimmlos hervorgebracht werden und meine, man könne dabei zunächst diesen Hauchlaut, der im Französischen unstatthaft ist, mit in den Kauf nehmen und erst dann daran gehen, ihn wieder wegzuschaffen, wenn der Laut im übrigen fest und sicher erfasst ist. In Norddeutschland, wo diese Laute kaum Schwierigkeiten machen, kann man gleich auf Vermeidung des h-Lautes halten. Bei b, d, g gilt es besonders, den Stimmton mindestens mit dem Geräuschlaute einsetzen zu lassen. Am besten wird man die Laute so einüben, dass man den Stimmton schon erklingen lässt, während der betreffende Mundteil wie ein Luftbehälter mit Luft gefüllt wird, was bei b naturgemäss am längsten dauert: man lässt dem stimmhaften Verschlusslaut den Bläblaut vorhergehen *). Durch dieses Verfahren wird der Unterschied zwischen p und b, t und d, k und g noch fühlbarer.

Die Einübung der Konsonanten erfolgt wie diejenige der Vokale. Der Lehrer spricht vor, indem er mit dem Zeigestock auf das betreffende Lautzeichen weist; dann lässt er die ganze Klasse nachsprechen, nach Bedürfnis auch einzelne. Am besten lässt man im Anfange immer die zusammengehörigen stimmlosen und stimmhaften Laute hinter einander sprechen, die Augenblickslaute auf das Zeichen des Lehrers, die Dauerlaute so lange ausgehalten, bis der Lehrer abwinkt.

Sind die Laute einigermassen eingeübt, so spricht der Lehrer beliebige Konsonanten vor und lässt dieselben vom Schüler als stimmlose oder stimmhafte bestimmen; nach einigen Stunden kann er sich auch dadurch von dem richtigen Auffassen überzeugen, dass er das betreffende Lautzeichen auf der Lauttafel von Schülern zeigen lässt. Oder er spricht ganze Wörter vor und lässt die einzelnen Laute der Reihe nach angeben und bestimmen.

Von Gleichgewichtslage (Indifferenzlage) der Zunge im Anfangsunterrichte zu sprechen, scheint mir nicht am Platze zu sein. Wird bei sämtlichen Lauten von anfang an mit Strenge auf sorgfältige und feste Aussprache gehalten, so dass Lippen und Zunge ihre volle Schuldigkeit thun, so wird im günstigen Falle die dem deutsch sprechenden Schüler sonst eigene Gleichgewichtslage im französischen Unterrichte eine etwas veränderte werden; die Zunge wird die mehr vorgeschobene Mittellage einnehmen, von der aus es ihr am schnellsten gelingt, die französischen Laute zu bilden. Diese neue Ruhelage der Zunge wird dem Schüler wohl kaum zum Bewusstsein kommen, da sie im allgemeinen nicht so sehr von der deutschen abweicht wie die englische, bei welcher der Unterschied recht merklich ist. Die veränderte fremde Zungenlage kann nur das unwillkürliche Ergebnis der gewissenhaften und andauernden mündlichen Laut- und Sprechübungen sein. Sie kann den Schülern nicht wohl durch Erklärungen des Lehrers vermittelt werden, wie einige wollen.

*) Der dem b, d, g vorhergehende Bläblaut hat vielfach die Ansicht erzeugt, als ob der Franzose statt b: mb, statt d: nd, statt g: ŋg ausspreche. Letztere Laute klingen allerdings ähnlich.

Man hört selbst in Fachkreisen vielfach die Meinung äussern: einem Sachsen ist die gute Aussprache von t und d nicht beizubringen; ein Hesse wird niemals ein gutes französisches s und z sprechen lernen, ein Schlesier niemals einen ordentlichen Nasalvokal u. dergl. m. *). Ich bin fest überzeugt, dass durch fortgesetztes Vorsprechen der richtigen (Einzel)-Laute im Verein mit den nötigen phonetischen Hülfen jeder deutsche Schüler die französischen Laute lernen kann, wenn gleich von der ersten Stunde an damit begonnen wird. Damit ist nicht gesagt, dass man jeden deutschen Schüler die französische Aussprache überhaupt so genau lehren kann, dass dieselbe vollständig wie die eines Franzosen klingt. Dazu gehört ausser der Beherrschung der Einzellaute noch anderes, wovon später die Rede sein wird. Die Laute aber bilden die Bausteine, mit denen die gesprochene Sprache gebildet wird. Sie nicht mit der nötigen Vorsicht behandeln, heisst von vornherein auf eine befriedigende Aussprache verzichten. Erzielt man andererseits weiter nichts als saubere Aussprache der Einzellaute, so ist damit schon viel erreicht. Aber gleich von Anfang an muss die Einführung in die richtigen Laute stattfinden. Schüler, die eine Zeit lang die fremde Sprache mit unrichtigen Lauten gesprochen haben, kann man im günstigen Falle nur mit grosser Anstrengung dahin bringen, umzulernen und sich die gute Aussprache anzueignen; in sehr vielen Fällen gelingt dieses Umlernen trotz aufgewandter Zeit und Mühe überhaupt nicht mehr. Die falschen Laute haben sich schon zu fest eingeprägt, um wieder entfernt werden zu können, und der Unterricht stellt nach anderen Seiten hin Anforderungen und lässt nicht die Zeit übrig, das nachzuholen, was im ersten Schuljahr versäumt worden ist. Alle diejenigen aber, die Klassen mit solchen Schülern unterrichtet haben, werden mir beistimmen, wenn ich sage, dass ein Unterricht, in dem man auf Schritt und Tritt gegen Fehler ankämpfen muss, ohne ihnen recht beikommen zu können, geeignet ist, bei Lehrer und Schülern nicht die rechte Freudigkeit aufkommen zu lassen. Deshalb lautlicher Anfangsunterricht!**)

Andererseits werden auch Stimmen laut, die das Unmögliche von der lautlichen Schulung erwarten. Ab und zu hört man phonetisch geschulten Lehrern die Meinung zuschreiben, — einer, der sie wirklich hat, ist mir nicht bekannt — eine phonetisch unterrichtete Klasse erhalte durch lautlichen Anfangsunterricht eine Aussprache, die unverwüstlich ist. Das kann nicht sein. Das widerspricht allen Gesetzen, die dabei mitwirkend im Spiele sind. Es widerstreitet dem Trieb der Nachahmung und dem Hang zur Bequemlichkeit, Kräften, welche in Sachen der Aussprache von der weittragendsten Bedeutung sind***). Nun wird aber der Schüler durch das fast unausgesetzte Hören der deutschen Sprache zur Nachahmung der deutschen Laute (auch im französischen Unterrichte) fortwährend herausgefordert, und zugleich liegen ihm dieselben infolge der langen Gewohnheit ungleich bequemer als die französischen Laute.

---

*) So Körting in „Gedanken und Bemerkungen über das Studium der neueren Sprachen auf den deutschen Hochschulen" S. 33. — J. F. Kräuter nennt sehr richtig (Zeitschrift der neufranzösischen Sprache und Literatur, 11, S. 25) die Ansicht: „die Fähigkeit, den und den Laut zu erzeugen, sei bedingt durch eine von Klima und Lebensweise abhängige Beschaffenheit der Sprachwerkzeuge" eine alte, bis jetzt durch nichts bewiesene Behauptung.

**) Professor Zandt sagt: „Schlechte Aussprache ist schlimmer als gar keine, denn die Erfahrung zeigt, dass es leichter sei, von Anfang an die richtige anzunehmen, als die einmal angenommene wieder abzulegen."

***) Man denke nur an den Kampf zwischen Zungen- und Zäpfchen-r. Das Kind nimmt das letztere ungleich leichter von seiner Umgebung an, weil es das bequemere ist. Daher die allmähliche Verdrängung des Zungen-r in Deutschland wie in Frankreich. Vergl. Trautmann's Ausführungen in Anglia III und Verhandlungen der Neuphilologen I, S. 39 ff Hannover, Meyer. 1886.

3 *

Daher bleibt auch bei der phonetischen Lehrweise der fremde Aussprachenunterricht ein steter Kampf gegen die deutschmundartliche Aussprache der Schüler, ein Kampf in wöchentlich 2—8 Stunden gegen die in allen übrigen Stunden geübte Sprechweise. Aber der Kampf, welchen ein mit einer guten Aussprache und mit dem Rüstzeug der Phonetik ausgerüsteter Lehrer führt, unterscheidet sich von demjenigen eines Lehrers, der alles nur der Nachahmung überlässt, dadurch, dass der erstere die Vorbedingungen des Erfolges in sich trägt, letzterer nicht. Darüber jedoch gebe man sich trotzdem keiner Täuschung hin: ganz hört der Kampf gegen die deutschen Laute nie auf, denn unaufhörlich und dem Schüler selbst unmerklich lauert auf allen Seiten die Verführung zu der süssen Gewohnheit der trauten Mutterlaute. Es kann sogar der Fall eintreten, dass Schüler, welche eine sorgfältige lautliche Schulung genossen und einen tüchtigen Grund zu einer guten Aussprache gelegt haben, bei fortgesetzt ungenügendem Vorbild mit der Zeit wieder allmählich zur deutschmundartlichen Aussprache des Französischen bezw. Englischen zurückkehren. Es wäre ein Wunder, wenn dem nicht so wäre. Aber ein lautlich unterrichteter Schüler mit einem guten Vorbild vor Augen hat festen Grund unter den Füssen. Er weiss, worin der Fehler, den er unter unbewusster Beeinflussung seines Deutsch gemacht, seinen Grund hat und kennt die Mittel, wie er ihm abhelfen kann. Sein Ohr ist so gebildet, dass er merkt, worauf es ankommt, wenn er vom Lehrer berichtigt wird, oder dass er sich eines Aussprachefehlers, der ihm entschlüpft ist, sofort selbst bewusst wird, und seine Sprachwerkzeuge hat er so in der Gewalt, dass er imstande ist, die geforderte richtige Aussprache bewusst sofort einzusetzen.

Ein schätzbares Mittel, der drohenden Beeinflussung der deutschen Aussprache entgegenzutreten, bildet das sorgsame Heruntersagen sämtlicher Laute nach der Lauttafel. Selbst in den obersten Klassen sollte man diese Übung nicht vernachlässigen. Französische und englische Lauttafeln sollten daher in jeder Klasse aufgehängt sein, in der Französisch und Englisch gelehrt wird.

Lautliche Schulung und Rechtschreibung.

Ich hatte schon oben gesagt, dass ich von der dritten Stunde an dazu übergehe, die Einübung der Einzellaute zu vervollständigen und die Zusammensetzung der Laute zu Lautganzen zu lehren, indem ich ein einfaches Gedicht durchnehme.

Es könnte scheinen, als ob es für die Einführung in die Aussprache als solche keinen wesentlichen Unterschied ausmache, ob diese weitere Einübung zunächst an einzelnen Wörtern und einzelnen kleinen Sätzen geschieht, oder ob sie gleich am zusammenhängenden Sprachstoff (Gedichten, Liedern, Erzählungen, Sprechübungen) vorgenommen wird. Für die Einführung in die Aussprache würde es gleichgültig sein, welches von beiden Verfahren man wählt, wenn es dabei nur auf die Beherrschung der Einzellaute ankäme. Es ist jedoch in Betracht zu ziehen, dass im Satzgefüge der Satzton eine wichtige Rolle spielt, und denselben wird man um so besser und nachhaltiger die Schüler lehren, je mehr sie der Sprachstoff dazu zwingt an den Inhalt zu denken *).

---

*) Porthes sagt: „So wenig eine Sprache sich denken lässt ohne Sprechen, ebensowenig kann es im wahren Sinne des Wortes Sprache geben ohne Inhalt, Sprechen ohne Denken." (IV, 67.)

Und dies ist bei zusammenhängendem Sprachstoff ungleich mehr der Fall als bei Einzelsätzen, bei denen der Schüler fast ausschliesslich der Form seine Aufmerksamkeit zuwendet. Neben diesem haben eine Reihe anderer Gründe, die nicht dem rein lautlichen Gebiete angehören und die auseinanderzusetzen hier nicht der Ort ist, mich bewogen, den zusammenhängenden Sprachstoff den Einzelsätzen vorzuziehen.

Die Art und Weise der Durchnahme des Lehrstoffes wird im Einzelnen zum Teil von den Anlagen und Lehrneigungen des betreffenden Lehrers abhängen. Die Hauptsache ist, dass im allgemeinen in dem Sinne weiter unterrichtet wird, in dem die Grundlage geschaffen ist: Gewöhnung der Sprachwerkzeuge und des Ohres an die fremden Laute, daher Vorsprechen des Lehrers und Nachsprechen der Schüler bei geschlossenem Buche, Zurückgehen auf die Einzellaute, wo es notwendig erscheint, — was anfangs wohl die Regel sein dürfte, —Durchnahme von zunächst ganz kleinen Lautganzen, die sodann zu grösseren zusammengesetzt werden, gänzliches Zurücktreten der Schrift gegenüber der Aussprache, also im Anfange möglichst viel mündliche Übungen.

Dieses Verfahren kann auch von denen angewendet werden, welche zugleich mit der Einführung in die Aussprache eine Einführung in die Rechtschreibung der fremden Sprache beabsichtigen. Nur für diejenigen stellt es sich als unnötig und überflüssig dar, die eine Einführung in die der fremden Sprache eigentümliche Aussprache überhaupt nicht für ein Ziel des Unterrichtes ansehen; und deren Zahl ist hoffentlich nicht gross.

Ich habe des öfteren Gelegenheit gehabt, den Unterricht auf beide Arten zu betreiben. Nach den Erfahrungen, die ich dabei gemacht, entscheide ich mich für meine Person für die Einführung in die Aussprache ohne gleichzeitige Berücksichtigung der Rechtschreibung. Es scheint mir, als ob das Unterrichtsergebnis, das ich bei dieser Lehrweise gewonnen, ein günstigeres gewesen ist als das in früheren Jahren erreichte.

Die Gründe, die mich im Laufe der Jahre bestimmten, von dem ursprünglichen und allgemein üblichen Verfahren abzuweichen und zunächst von der Schreibung, die in den meisten Lehrbüchern eng mit der Aussprachelehre in Verbindung gesetzt ist, abzusehen, sind die folgenden. Jeder Fachgenosse, dem es um die Einführung in eine gute französische Aussprache ernstlich zu thun ist, wird zugeben, dass die Bewältigung dieser Aufgabe nicht leicht fällt, sondern dass sich dabei dem deutschen Schüler und Lehrer im Klassenunterricht grosse Schwierigkeiten entgegenstellen. Andererseits ist nicht zu leugnen und wird schon durch die Anlage der meisten Lehrbücher ohne weiteres zugestanden, dass auch der Unterricht in der französischen Rechtschreibung als eine nicht unschwierige Aufgabe aufgefasst werden muss. Denn Laut und Schrift stimmen heut zu wenig überein, als dass es gestattet wäre, von dem einen ohne weiteres auf das andere einen sicheren Schluss zu machen. Das gilt fürs Deutsche, noch mehr fürs Französische und in noch höherem Grade fürs Englische. Der Laut verändert sich im Munde der Völker langsam aber unaufhörlich. Die sogenannte „Recht"schreibung dagegen, so wie sie uns überliefert ist, giebt uns ein (nicht sehr gut getroffenes) Bild des Lautbestandes eines längst vergangenen Zeitabschnittes, welches Grammatiker und Herausgeber von Wörterbüchern (Académie) aus „etymologischen" Rücksichten noch unähnlicher gemacht haben. Dieses Bild wird von Geschlecht zu Geschlecht vererbt, und obwohl die Unähnlichkeit mit der Zeit immer grösser wird, müht sich doch jedes Geschlecht ab, die Züge der eigenen Aussprache in dem alten Erbstück zu erblicken und wird durch den Leseunterricht in der Schule in der Meinung bestärkt, dass Schriftbild und Aussprache einander entsprechen. Je höher nun das Alter der „Rechtschreibung" ist oder je schneller sich der Laut verändert, desto unähnlicher sind beide. Auf diese Weise ist der Unterschied zwischen Aussprache und Schreibung derartig gross geworden, dass wir die „Rechtschreibung" die Kinder lehren müssen *).

Sollte es nun nicht zweckmässig erscheinen und bewährten Grundsätzen der Erziehungslehre entsprechen, wenn man die Bewältigung der beiden ersten Aufgaben des fremdsprachlichen Unterrichts, die Lautlehre und die erste Einführung in die Schreibung, zeitlich trennt, so dass eine gewisse Teilung der Arbeit vorgenommen und erst nach (teilweiser) Überwindung der einen Schwierigkeit diejenige der andern in Angriff genommen wird?

Dies ist der eine Grund, der mir für vorläufige Nichtberücksichtigung der geschichtlichen Rechtschreibung zu sprechen scheint. Der andere hängt mit ihm zusammen. Die französische Schreibung bietet nicht nur an und für sich eine Schwierigkeit dar, sondern sie ist auch geeignet, den Schüler an der Bewältigung der ersten Aufgabe zu hindern, ihn zu verwirren und zu Fehlern geradezu zu verleiten.

Nehmen wir an, dass wir durch den grundlegenden Unterricht die Schüler dahin gebracht haben, dass sie die deutschen Laute nicht mit ins Französische hinübernehmen, so kommt es nun darauf an, dass auch die richtigen französischen Laute eingesetzt werden. Nun giebt aber die Schreibung oft für ein und denselben Laut verschiedene Zeichen und andererseits, was für unseren Zweck verhängnisvoll ist, für verschiedene Laute dasselbe Schriftzeichen oder gar Schriftzeichen ohne zu grunde liegenden Laut. So werden die Schüler durch die Schreibung von *ras* und *rat* in Versuchung geführt, beiden Wörtern denselben vokalischen Laut zu geben, während a in *rat* der geschlossenere, mehr vorn liegende, a in *ras* der offene, tiefe Laut ist. Die Schreibung von *vrai* und *gai* verleitet dazu, beiden Wörtern denselben e-Laut zu geben; alors und *gros*, *peur* und *peu* verführen zu demselben o- bezw. ö-Laute u. s. w.

Von den Konsonanten ist der bei weitem gefährlichste Buchstabe das *s*, dem die beiden Laute s und z entsprechen (daher auch der Buchstabe x = ks und gz): z. B. saison; semblable und paysan, transir und transiger, version und Alsace **). Gerade dieser Buchstabe macht in der Aussprache grosse Schwierigkeiten und richtet viele Verwirrung an. Bei ihm ist es vor allen Dingen von Bedeutung, dass nicht von dem Schriftbild ausgegangen, sondern dass die Versuchung fern gehalten wird, bis die Laute selbst keine Schwierigkeiten mehr machen. In Gegenden, wo im Deutschen die entsprechenden Laute s und z streng auseinandergehalten werden, mag es noch angehen, die Rechtschreibung gleich mit zu berücksichtigen. Aber in Gegenden wie der unsrigen und überhaupt im grössten Teil von Deutschland ist die Verführung zu falscher Aussprache bei diesen Lauten schon an und für sich so gross, dass es ratsam erscheint, das verwirrende Schriftbild fern zu halten, bis die Aussprache nicht so leicht mehr verdorben werden kann.

Auch die sogenannten „stummen Buchstaben", d. h. diejenigen, denen nach dem heutigen Sprachgebrauch kein Laut entspricht, bilden eine Gefahr für den Schüler. Mir ist ein Fall noch

---

*) Max Müller nennt die heutige englische Schreibung „ein grosses nationales Unglück".
**) Ich bin weit entfernt zu meinen, die „Regeln", welche das Verhältnis des Buchstaben s zu den Lauten s und z angeben, seien wertlos. Dieselben sollen im Gegenteil nach Übergang zur Rechtschreibung vom Schüler ermittelt werden; sie werden ihm später beim Lesen, d. i. Schliessen von der Schrift auf den Laut, von grossem Nutzen sein.

in Erinnerung, der vor fünf Jahren in Sexta vorkam. Ich hatte, etwa am Ende des ersten Monats, die kleine Erzählung: Plötz, Elementargrammatik, I, 93 „Courte Harangue" eingeübt: Au commencement d'une bataille Henri quatre dit à ses soldats . . . . Das Geschichtchen schien mir inhaltlich und lautlich in der Stunde so weit vorbereitet zu sein, dass ich glaubte es als häusliche Aufgabe geben zu können. In der nächsten Stunde aber sprach eine Anzahl von Schülern commencement viersilbig, *Henri* mit deutsch gehauchtem h, quatre zweisilbig mit deutscher Aussprache der zweiten Silbe (wie in „Kater"), ebenso votre, ennemi. Man könnte daraus den Schluss ziehen, ich hätte diese Aufgabe noch nicht stellen dürfen. Dem stimme ich vollkommen bei. Hätte ich aber damals schon von der Rechtschreibung abgesehen und hätte zur Unterstützung des Gedächtnisses und zur Wiederholung der in der Schule geübten Laute den Schülern das Hülfsmittel nach Hause mitgegeben, von dem ich später sprechen werde, so hätten diese Fehler nicht vorkommen können. Da die „stummen Buchstaben" in der französischen Rechtschreibung leider recht zahlreich sind, so liegt in ihnen eine ganz beträchtliche Menge von Verführungsstoff.

Wenn man nun die Aussprache eines kleinen Lautganzen dem Schüler vorführt und einübt und ihm dann gleich im Anschluss daran das entsprechende Schriftbild zeigt, so ist die Gefahr schädlicher Beeinflussung offenbar viel grösser, als wenn jeder störende Einfluss von seiten der Schreibung für längere Zeit ferngehalten wird. So bin ich im Laufe der Zeit stufenweise dazu gekommen, in der ersten Unterrichtszeit mündliche Durchnahme und Einführung in die Rechtschreibung vollständig zu trennen. Während ich früher gleichzeitig mit der mündlichen Einübung das Schriftbild mit berücksichtigte, halte ich jetzt im ersten Unterricht die Rechtschreibung so lange fern, bis die Hauptschwierigkeiten der Aussprache bewältigt sind. Die Erfahrung, nicht irgend welche lehrhaften Erwägungen, hiess mich diesen Weg als den zweckmässigeren wählen.

Viele scheuen sich, dieses Verfahren zu befolgen, weil sie sich nicht dazu entschliessen können, eine gewisse Zeit die gewohnte gedruckte Unterlage zu entbehren und nur mündlichen Unterricht zu erteilen, ohne die hoch geschätzten schriftlichen Übungen und Proben anstellen zu können. Denn die schriftlichen Arbeiten stehen allgemein in so hohem Ansehen, die Achtung vor dem geschriebenen Wort überwiegt so sehr diejenige vor dem gesprochenen, dass man sich nur schwer an den Gedanken gewöhnen kann, auch nur eine verhältnismässig kurze Zeit lang diese gewiss sehr nützlichen und für die Folgezeit unentbehrlichen Übungen bei Seite zu lassen.

Es giebt Fachgenossen, die sich schon durch die wenigen fremden Lautzeichen abschrecken lassen, die an der Lauttafel angewandt sind. Wollte man nun denselben etwas entgegen kommen und etwa für die Laute, die immer mit denselben orthographischen Schriftzeichen wieder gegeben werden, diese einsetzen, also etwa für š: ch, für ž: j, für ñ: gn, so wäre damit nicht viel gewonnen, denn die Rechtschreibung zeigt bei den anderen Lauten eine solche Mannigfaltigkeit in ihrer Wiedergabe, dass damit für die Einführung in die Rechtschreibung doch nicht viel erreicht wäre. Andererseits aber bietet der Gebrauch dieser einfachen Lautzeichen sehr beträchtliche Vorteile *).

---

*) Ein wenig passt auch hier, was Paul Passy: Les Sons du Français S. 7 sagt: „Il serait bien difficile de faire une étude scientifique des sons de notre langue en se servant d'un instrument aussi défectueux (= des lettres). On le pourrait sans doute, mais ce serait compliquer à plaisir le travail et se créer à chaque pas des difficultés inutiles. En fait, écrire un traité sur les sons du langage en se basant sur leur représentation usuelle ou orthographe d'usage, ce serait à peu près comme écrire un traité d'arithmétique en se servant des chiffres romains". — Auch Münch spricht

Die Laute im Satzgefüge.

Auf der Grundlage des Unterrichts in den Einzellauten baut sich die Unterweisung in ganzen Sätzen auf. Manches kommt hier neu hinzu. — Lautlich betrachtet besteht ein Satz aus einem oder mehreren Lautganzen. Was uns im lebendigen Fluss der Rede entgegentritt, sind nicht einzelne Wörter, sondern Gruppen von silbenbildenden Lauten, welche unter sich fest geschlossen sind, dem Ohr wie ein Wort erscheinen und durch die der betreffenden Sprache eigentümliche Betonung als zusammengehörig gekennzeichnet werden. Die Scheidung in die einzelnen Wörter wird durch den Sinn hergestellt. Daher sind wir bei nicht genügender Kenntnis einer fremden Sprache nicht imstande, einzelne Wörter durch das Gehör herauszufühlen.

Die französische Wort- und Satzbetonung ist von der deutschen sehr verschieden. Während im deutschen Worte eine Silbe den Hauptton hat, gegen welche die anderen zurücktreten, ist im französischen Worte der Ton gleichmässiger verteilt; nur auf der letzten vollautenden Silbe ruht ein etwas stärkerer Nachdruck, wenn nicht andere Verhältnisse mitsprechen. Im Satze verschwindet dieser Nachdruck, der nie so stark wie der entsprechende deutsche hervortritt, zu gunsten des Satztones. Für ein aus mehreren Worten bestehendes Lautganze, das dem Sinne nach eng zusammen gehört, gilt dasselbe Gesetz wie für das einzelne Wort: die letzte volltönende Silbe hat den Hauptnachdruck. Die Sprache eilt in gleichmässigen Schritten nach dem Ende des zusammengehörigen Sinnganzen hin. Dies dürfte wohl die für den heutigen Sprachgebrauch noch durchaus unanfechtbare Ansicht sein. Wenn andere Ansichten *) daneben aufkommen konnten, so zeigt das einmal, wie verhältnismässig schwach der Nachdruck ist, und ferner, dass ausser diesem der durch den Sinn beeinflusste Nachdruck wie im Deutschen eine grosse Rolle spielt (L'homme *propose* et Dieu *dispose*). Vielfach auch wird die den einzelnen Silben eines Lautganzen zukommende Tonhöhe **) mit dem Nachdruck verwechselt, besonders leicht von Deutschen (und Engländern), da in den germanischen Sprachen Tonhöhe und Nachdruck zusammenzufallen pflegen.

Für die hierher gehörigen, dem Französischen im Unterschied vom Deutschen eigentümlichen Erscheinungen soll der Lehrer den Schülern ein Vorbild sein. Mit Regeln ist hier wenig gedient; das Beispiel des Lehrers ist alles. Er muss fleissig und sorgfältig vorsprechen und einüben. Nun ist die tadellose Aneignung einer fremdsprachlichen Betonungsweise eine schwierige, ja in ihrer Vollendung wahrscheinlich unmögliche Sache. Leute, die mehrere Sprachen sehr geläufig sprechen, werden doch kaum instande sein, in dieser Hinsicht jeder

---

sich dafür aus, „dass die Lautlehre nicht von vornherein durch die damit verquickte Orthographielehre verwirrt und verdorben werde" und auch dafür, „dass die herkömmlichen Lautbezeichnungen hier durch selbständige phonetische zu ersetzen sind". (Zur Förderung des französischen Unterrichts, S. 25.)

*) In Bezug auf die Beurteilung der französischen Betonungsweise schreibt Felix Franke: „Man hat, wie man aus dem gleichmässigen Schlage des Uhrpendels die verschiedenartigsten Rhythmen heraus hören kann, auch den französischen Wortaccent nach und nach nun schon auf nahezu allen erdenkbaren Silben gehört". — Drei Ansichten stehen sich gegenüber (Beyer, Französische Phonetik S. 83): a) der Wortaccent (accent tonique) existiert im Französischen nicht; alle Silben sind gleichmässig „betont" (Nisard); b) er ruht auf dem Anlaut (Merkel und die englischen Phonetiker); c) er ruht auf dem volltönenden Auslaut (Littré, Gaston Paris, Brachet, Quicherat, Diez, Storm, Victor, Passy u. a).

**) Jeder Fachgenosse wird mit grossem Interesse die ausführlichen Auseinandersetzungen von Franz Beyer über „Nachdruck" und „Ton" in seiner französischen Phonetik S. 82—100 lesen.

Sprache vollkommen gerecht zu werden. Hier werden wir uns also bescheiden müssen und zufrieden sein, wenn wir annähernd die französische Betonungsweise treffen und unseren Schülern übermitteln.

Bei der Zusammenfügung der Laute zu Sinn- und Lautganzen kommt ausserdem die Länge und Kürze der Laute in Betracht.

Die Vokale kommen lang und kurz vor. Die Lautdauer ist jedoch nicht ganz bestimmt, sie ist selbst bei ein und demselben Worte schwankend und richtet sich zum Teil danach, ob der Vokal in betonter oder unbetonter Silbe steht. Im allgemeinen überwiegt die Kürze. Aus der Masse der einzelnen Fälle ergeben sich einige Regeln zur Bestimmung der Länge und Kürze, welche man die Schüler im Laufe der Zeit aus dem eingeübten Sprachstoffe herausfinden lassen kann *). Fleissiges Vorsprechen des Lehrers muss hier das Beste thun. Von welcher Wichtigkeit die „Quantität" der Vokale ist, lehrt die Thatsache, dass oft der Grad der Länge des Vokals allein den Sinn bestimmt; so in *tyran* und *tirant*, *renne* und *reine*, *tous* und *tousse* **).

Die hierbei in Betracht kommenden Verhältnisse scheinen im ganzen auf unseren Schulen gebührend berücksichtigt zu werden. Am wenigsten vielleicht das Gesetz, dass auslautender Vokal, auch Nasalvokal, in betonter Silbe kurz zu sprechen ist, so in *mais*, je *vins*, *très bien*, nous *allons*. Hier wird es noch mancherlei zu bessern geben. In übler Lage befinden sich dabei die Lehrer in denjenigen Landesteilen, wo der Nasalvokal grosse Mühe verursacht. Um die Schüler zu richtiger vokalischer Aussprache anzuhalten, ist es anfangs zweckmässig, die Laute sehr gedehnt sprechen lassen, damit jede konsonantische Beimischung verhindert wird. Beherrschen die Schüler aber die Aussprache der Laute, so muss man bei vokalischem Auslaut auf Kürze halten.

Von grosser Wichtigkeit im Unterricht ist weiter der Umstand, dass die Art des Lautes immer dieselbe bleibt, mag der Laut lang oder kurz sein; der Schüler hat denselben stets so zu sprechen, wie er ihn als Einzellaut gelernt hat, also den kurzen Laut mit derselben straffen Zungenhaltung und derselben Lippenthätigkeit wie den langen. Weite i-, u-, ü-Laute kommen im Französischen gar nicht vor. In unserer Sprache schlagen wir ein anderes Verfahren ein. Wir pflegen die kurzen Laute zu „trüben." Daher die Neigung unserer Schüler, dies auch auf das Französische zu übertragen. Sie sind versucht, kurzes französisches i wie in „bin", kurzes französisches ü wie in Kürze, kurzes französisches u wie in „durch" zu sprechen, während „il a" nicht wie in „Iller," die ersten Laute von „curve" nicht wie in „Kürze", die von „mourrai" nicht wie in „murren" klingen dürfen. Bei diesen engsten Lauten tritt der Unterschied am deutlichsten hervor. Doch auch bei den übrigen Vokalen ist auf straffe Artikulation zu achten, damit die „Trübung", dieser weit verbreitete Fehler unserer Schulaussprache, vermieden werde.

Die Konsonanten sind im Französischen im allgemeinen kurz; sie machen unsern Schülern in dieser Hinsicht keine Schwierigkeiten. Doch nach einer andern Seite hin ist Vorsicht geboten: stimmhafte Konsonanten finden sich im Französischen auch im Auslaut (*robe*, *rade*); das

---

*) Paul Passy giebt Les Sons du Français S. 42 einige sehr einfache, auf die ich hier verweisen möchte. Vergl. auch Phonetische Studien, I, 25 ff und Franz Beyer, Französische Phonetik S. 77 ff.

**) Sehr lehrreich ist, was Passy über die Unterscheidung zwischen männlichem und weiblichem Geschlecht der Eigenschaftswörter sagt: „Souvent cette différence de quantité forme la seule distinction entre le masculin et le féminin d'un adjectif: heureux et content und heureuse et contente mit längerem ö-Laut; ebenso méchant et vilain und méchante et vilaine. (L. S. d. Fr. S. 42.)

4

deutsche Gesetz, welches vorschreibt, dass alle stimmhaften Konsonanten im Auslaute stimmlos werden, gilt also im Französischen nicht und verführt unsere Schüler zu irriger Aussprache.

Auch die „Verdoppelung" der Laute (Gemination) macht im Unterricht geringe Schwierigkeiten. Wie im Deutschen (z. B. in Tau*ff*eier, Stuh*ll*ehne) besteht sie bei Dauerlauten darin, dass die Kraft des Luftstromes mitten in dem verlängerten Laute nachlässt, um dann wieder zuzunehmen. Bei den Verschlusslauten wird die „Verdoppelung" in der Weise zum Ausdruck gebracht, dass man zwischen Beginn und Öffnen des Verschlusslautes eine längere Zeit vergehen lässt, entsprechend der sorgfältigen Aussprache in Lau*tt*afel, Gu*ck*kasten. Es muss hinzugefügt werden, dass diese lautliche Verdoppelung bei weitem nicht mit der Buchstabenverdoppelung über-einstimmt, sondern innerhalb ein und desselben Wortes nur in verhältnismässig geringen Fällen stattfindet. Von Dauerlauten findet sie vornehmlich bei l, r, m, n statt, so in Po*ll*ux, ba*rr*es, i*mm*ense, a*nn*ales; manchmal wirkt sie dabei unterscheidend wie in nous mou*rr*ons. Bei den Verschlusslauten ist sie von noch geringerem Belange; ein Beispiel ist a*bb*é. In der Umgangs-sprache wird sie naturgemäss innerhalb einzelner Wörter mehr vernachlässigt als in der gewählten, sorgfältigen Rede Eine grosse Rolle aber spielt sie im Satze; dort tritt die „Lautverdoppelung" sehr häufig ein, wenn auf den Auslaut eines Wortes derselbe Laut im Anlaut des nächsten Wortes folgt. Vokale wie Konsonanten werden auf die angegebene Weise „verdoppelt"; so zeigt der Satz „Il va à Avignon" denselben Vokallaut dreimal hintereinander, zweimal unterbrochen durch verminderte Tonstärke. Entsprechende Beispiele für konsonantische Laute sind il *l'*a dit; il *me* mène, il *se* sauve, je *le* laisse, les pieds *de* devant, il ne fra*pp*e pas. Die Umgangssprache spricht in den zuletzt aufgeführten Fällen den ə-Laut nicht mit, selbst die feinere Umgangssprache nicht, und ich sehe keinen Grund ein, weshalb nicht auch im Unterricht auf einer etwas vorgerückteren Stufe diese Formen zur Anwendung kommen sollen, wenn der Charakter des Stoffes es erfordert; also in Stücken leichteren Inhalts, in Gesprächen u. dergl. Für den Anfang, bei der ersten Einführung in die Sprache, soll der Schüler erst die vollen Formen kennen lernen; daraus wird sich dann von selbst, besonders unter dem Einflusse des französischen Satztones, die unsilbige Art der Aussprache derselben ergeben.

Dasselbe gilt für die ə-haltigen Silben überhaupt. Die richtige Behandlung der Silben mit sogenanntem „tonlosem e" ist im Französischen von ausserordentlicher Wichtigkeit. A. Lange sagt mit Recht*): „Das richtige Verstummen und Lautwerdenlassen des ə-Lautes ist eines der Hauptmerkzeichen einer guten französischen Aussprache". Das Sichanlehnen solcher ursprünglich ə-haltigen Silben ist eine Eigentümlichkeit, die so sehr dem ganzen Wesen der französischen Aussprache entspricht, dass es unrichtig wäre, wollten wir sie in der Schule gänzlich vernachlässigen. Es mögen zunächst wie oben die vollen Formen gelehrt werden und in der gewählten Sprache mehr oder weniger vorherrschen, in der leichteren Sprache klingen dieselben steif und hölzern. Die Anlehnungsformen ergeben sich aus den vollen wieder von selbst. In Verbindungen wie de moi (= də müä = dmüä), monsieur (= məsjö = məsjö = msjö), il me dit (ilmədi = ilmdi), croyez-le-moi (krüäjéləmüä = krüäjélmüä), je vous revois (žəvurəvüä = žəvurvüä) wird der vor „tonlosem e" stehende Konsonant mit der Lippenstellung des ə gesprochen, ohne dass dieser Vokallaut zwischen beiden Konsonanten voll zur Geltung kommt; der ə-Laut ist durch den dem

---

*) In seinem Aufsatz: Artikulationsgymnastik im französischen Elementarunterricht. Zeitschrift für neufran-zösische Sprache und Literatur VIII.

Ende zueileuden Satzton aufgesaugt worden. In den Fällen, wo mehrere solcher „tonlosen e" auf einander folgen, wird die erste von je zwei Silben betonter, die je zweite verliert die Geltung als eigene Silbe, uud der betreffende Konsonant wird auf die angegebene Art ausgesprochen; je ne te le redemande pas = $\check{z}\partial nt\partial lr\partial dm\ddot{a}dp\dot{a}$, wobei die erste Silbe $\check{z}\partial n$ fast = $\check{z}\hat{o}n$, jenne lautet.

Ein Unterschied zwischen französischer und deutscher Aussprache, der zur Vorsicht auffordert, zeigt sich unter gewissen Umständen bei zwei oder mehreren aufeiuanderfolgenden Konsonanten. Stehen nämlich zwei Verschlusslaute hinter einander, die an verschiedener Stelle im Munde erzeugt werden, so wird erst der Verschluss des ersten völlig gelöst, che der zweite angelautet wird. Die Laute k, t in *octobre* werden also nicht wie im deutschen Wort gesprochen, indem man von dem k-Verschluss einfach zum t übergeht, ohue den Verschluss erst zu lösen, sondern erst nach erfolgter Verschlusslösung wird der zweite Konsouant angelautet, da t an anderer Mundstelle, als k hervorgebracht wird. Ähnliche Beispiele sind *arte*, *nocturne*, *direct*, *correct*, *opticien*, *abdiquer*, *abnormal*, il grimpe *sur* l'arbre, il frappe *ton* frère, il ne monte *pas*, il marque *la* page.

Auf diesem Gesetz beruht der Abscheu der Franzosen vor der Konsonantenhäufung und die Neigung der Sprache, sich solcher Verbindungen zu entledigen, wie es schon in aspect, respect, district geschehen ist. In dieser eigentümlich französischen Ausspracheweise ist auch einer der Gründe zu suchen, weshalb die deutsch lernenden Franzosen unsere Sprache so wenig wohl-klingend finden. Ein Wort wie „abklopfen" mit drei auf französische Art gelösten Verschlüssen ist allerdings dem Ohr nicht grade angenehm. Wir dürfen uns aber damit trösten, dass es nicht ganz so schlimm ist, wenn man hier die richtige deutsche Aussprache anwendet. Ebenso wie wir aber beanspruchen, dass die Franzosen bei der Aussprache des Deutschen die unserer Sprache eigentümlichen Gesetze befolgen, so werden auch wir uns bemühen müssen, die ihrigen zu achten und zur Ausführung zu bringen. Alle diese Unterschiede in der Aussprache, wie auch die bei den einzelnen Lauten angegebenen, mögen an sich betrachtet geringfügig sein. Hier gilt aber der Satz: Viele Wenige machen ein Viel, was auf die Aussprache angewandt heisst: auf die Beachtung all der Kleinigkeiten kommt für die Erzielung einer erträglich guten Aussprache alles an.

Bei der Einführung des Schülers in die mündliche Sprache fordert auch das Gesetz Befolgung, dass die Laute *l* und *r* im Französischen nicht wie im Englischen und Deutschen silbenbildend auftreten. Wörter wie „table" und „quatre" sind also, falls man sie zweisilbig spricht, iu der zweiten Silbe nicht wie im Deutschen „Tafel", „Kater" zu sprechen; der ə-Laut muss vielmehr dem l bezw. r folgen, also table = táblə; quatre = kátrə. Ungleich gebräuch-licher aber sind die einsilbigen Formen mit schwach (stimmlos) nachklingendem l bezw. r = táb(l) und kát(r). Die Umgangssprache bevorzugt dieselben entschieden; ja gewöhnlich sogar verschwindet l und r (auch m) im Auslaut von Wörtern wie montre, quatre, poudre, table, fable, peuple, prisme, dogme vor konsonantischem Anlaut und am Ende eines Sinnganzen vollständig, und zwar sind es nicht blos die weniger Gebildeten, die diese Aussprache bevorzugen *). Vor Vokalen werden im Innern eines Lautganzen diese Laute natürlich wieder hörbar, so quatre heures. Ich meine, auch

*) Sachs giebt in seinem Wörterbuch bei quatre auch die Aussprache ⌐ kät an uud fügt hinzu „auch von Gebildeten". — Paul Passy sagt (L. S. d. Fr. S. 15): „Trés souvent ce r final s'omet dans le langage familier, même des gens qui se piquent de parler correctement".

4 *

in dieser Beziehung wäre es angebracht, dem Sprachgebrauche mehr als bisher Rechnung zu tragen und Wörter wie „quatre" wirklich einsilbig zu sprechen, damit die hässliche deutsch-französische Aussprache kâter fern gehalten wird.

In diesem einsilbig gesprochenen quatre wird der Endkonsonant r unter dem Einfluss des vorhergehenden stimmlosen t selbst stimmlos; der Zäpfchen- oder Zungeulant klingt nach ohne Stimmton. Das ist dieselbe Erscheinung wie in pied, le tien, nous marquions. Es hat eine „Angleichung" des einen Lautes an den andern stattgefunden. Eine solche Angleichung kommt auch bei Lauten verschiedener Wörter vor und findet sich grade im Französischen verhältnismässig häufig; auch dem Deutschen ist sie nicht ganz fremd *). Am bekanntesten ist das Beispiel une tasse de thé, gesprochen tâz də té; andere Beispiele für die Stimmhaftwerdung wären etwa: avec moi, Jacques Lafitte, le dix mai für die Stimmloswerdung: le roi de Prusse, une grande femme **).

Diese Lautangleichung ist auch für den Lehrer von einigem Interesse. Der Einfluss, welchen in Fällen wie votre (einsilbig), peuple (einsilbig), tiens, cheval, puis, poids der eine Laut auf den ihm folgenden ausgeübt, ist so unwiderstehlich, dass ihm Rechnung getragen werden muss ***). Es wäre verkehrt und auch vergebliche Mühe, wollte man dem entgegentreten. Fälle wie une tasse (tâz) de thé dagegen, meine ich, sollten dem Schüler nicht als mustergültig gelehrt werden. Wenn der Schüler unbewusst solche Bildungen hervorbringt — nun, dann kann uns der Gedanke trösten, dass die Franzosen dasselbe thun und dass diese Lautangleichung in der Natur der französischen Laute begründet ist.

Im Fluss der Rede tritt oft ein Verstummen des l in il und elle ein, besonders in ersterem Worte. So lautet il va venir = ivávənir, il n'y a pas = injápà, elle ne danse pas = ëndáspë. Auch diese Erscheinung, welche der Umgangssprache angehört, möchte ich raten, dem Schüler nicht zu empfehlen (ebensowenig quelque chose = këkšóz, qu'est-ce que tu fais? = këstüfë? [vergl. die Aussprache von engl. „he asked"] u. dergl.)

Der französischen Aussprache ist weiter eigentümlich, dass die geschlossensten Vokale, i, u, ü, welche von allen Vokalen den Konsonanten am nächsten stehen, im Auslaut einer Lautgruppe zu den entsprechenden stimmlosen Reibelauten werden †). Der Vokal verliert seinen Stimmton, und der Luftstrom reibt sich in der dem Vokal entsprechenden Mundenge. Der i-Laut in il me l'a dit wird also dem ch in „ich" ähnlich. Dies tritt nach stimmhaften wie nach stimmlosen Lauten ein; je ne l'ai pas vu, il est perdu, voilà tout. Diese Konsonantisierung scheint besonders in leidenschaftlicher Rede einzutreten. Sie zeigt wieder, wie notwendig es ist, den auslautenden Vokal kurz auszusprechen, denn bei langem Vokal würde der Lautübergang nicht leicht möglich sein (vergl. S. 25). Ich würde es nicht für unrichtig halten, wenn der Lehrer beim Sprechen die Erscheinung an geeigneten Stellen selbst zur Anwendung brächte und auf einer höheren Stufe darauf hinwiese. Im Anfangsunterrichte darf sie wohl noch unerwähnt bleiben.

---

*) Besonders in Westfalen und Hannover scheint diese Angleichung sehr häufig zu sein. So entspricht ein Glas Bier mit stimmhaftem Endkonsonanten in Glas genau dem französischen tasse de thé.

**) Eine Lautangleichung findet statt (trotz Sachs) in obscur - opskür, s'abstraire - sapstrër, observer — opsèrvé u. dergl.; vor stimmlosem s kann sich der stimmhafte b-Laut nicht halten. Den Gesetzen der Angleichung folgt auch die Aussprache der Vorsilbe ex-, z. B. externe - ëkst . ., expansion - ikspäs . . , exact - igzäkt, exhorter = ëgzörté. Die Aussprache von dix-neuf beruht wohl auf demselben Gesetze.

***) Vergl. im Norddeutschen: „Schousal" und „Schicksal", „Esel" und „Rätsel, im Englischen: dire und tune.

†) Auch bei den weniger geschlossenen Vokalen (namentlich bei é) ist diese Erscheinung oft zu beobachten: Il a dansé.

Die französische Satzbetonung und der leise vokalische Einsatz haben die „Bindung‘ veranlasst. Sie besteht darin, dass Wörter, welche eng zusammengehören, wie ein Wort gesprochen werden, indem gleichmässig Silbe auf Silbe folgt. Die Bindung im engeren Sinn tritt vor vokalischem Anlaut ein, da das Fehlen des Kehlkopfverschlusslautes den Übergang eines Vokals zum andern ohne Absetzen der Stimme gestattet (un verre *à eau*) sowie das Überziehen eines auslautenden Konsonanten zur ersten Silbe des folgenden Wortes (les amis = lě-zámi). Dieses Überziehen des Konsonanten zur folgenden Silbe ist auf die Vokaldauer ohne Einfluss. Während z. B. Vokale in der Tonsilbe vor stimmhaften Reibelanten lang sind (chose), bleiben sie vor Lauten, die nur infolge der Bindung laut geworden sind, wie sie waren (beaux habits); auslautender Vokal ist kurz: beau, il vend und bleibt auch vor übergezogenem Konsonanten kurz: il vend une maison, während Nasalvokale vor selbständig lautbarem Konsonanten lang sind (vente); vergl. S. 25, II. Anm.

Die Bindung spielt im Unterricht auf deutschen Schulen eine grosse Rolle; man darf wohl behaupten, eine viel zu grosse Rolle. Wir sündigen durch ein Übermass an Eifer. Es wird um jeden Preis gebunden, bis zur Erschöpfung kann man sagen; denn es ist oft unmöglich, dass ein kleiner Schüler mit seinem geringen Atemvorrat einen ganzen Satz so geschlossen mit einem Lufthauch ausspricht, wie es die Vorschrift zahlreicher Lehrbücher verlangt. Der in vieler Hinsicht so höchst verdienstvolle und umsichtige Plötz hat, wie ich glaube, zum grossen Teil diesen übermässigen Gebrauch der Bindung veranlasst. Er meinte es mit den Bindungszeichen in seinen Lehrbüchern sicher gut; er wollte die Stellen bezeichnen, an denen gebunden werden kann, an denen ein fein gebildeter Franzose, der imstande ist den Sinn des Satzes vollkommen zu überschauen, vielleicht binden würde.

Die Bindung kann nur ein Ergebnis des mündlichen Unterrichts sein; sie darf nicht vom ersten Augenblick als oberstes Gesetz die Aussprache regeln. Mindestens ebenso wichtig als Bindung ist Aussprache der Einzellaute, richtige Verbindung derselben zu Wörtern, zu Laut- und Sinnganzen, Tonhöhe, Wortton, Satzton. Ich würde es für einen Fortschritt ansehen, wenn wir uns von dem Gedanken etwas losmachen könnten, dass der Bindung eine so hervorragende Bedeutung zukommt. Die Bindung muss sich aus dem Sinne ergeben. Ich bin weit davon entfernt, sie gering zu schätzen; aber sie darf nichts rein Äusserliches sein, sondern muss aus dem Verständnisse des Satzes herauswachsen. Bindung ist nur möglich bei einer Gruppe von Wörtern, welche dem Sinne nach eng zusammengehören und deren Inhalt der Sprechende mit einem Schlage überschaut. Ein Erwachsener oder ein Gebildeter wird ein grösseres Sinnganzes überschauen als ein Kind oder ein Ungebildeter. Ein Erwachsener wird im allgemeinen eine grössere Wortgruppe in einem Atemzuge aussprechen können als ein Kind. Neben der geistigen Fähigkeit spricht auch die Kraft des Atems dabei mit. Wenn man gezwungen ist, von neuem Luft zu schöpfen, so ist es mit der Bindung vorbei, denn die Bindung kann nur innerhalb eines geschlossenen Lautganzen statt haben. Für den deutschen Schüler, der erst in die Sprache eingeführt wird, können diese Lautgruppen in den ersten Jahren nur kurz gewählt werden. Je mehr das Verständnis des Sinnes mit der Zeit zunimmt und der Überblick und die Sprachfähigkeit wächst, desto grösser werden die Gruppen werden, desto häufiger die Bindung *). — Dass Franzosen, welche unsere Schulen im französischen Unterricht besuchen, die Quelle der vorgefundenen

---

*) Gewarnt muss besonders vor jener Art der Bindung werden, bei welcher der Endkonsonant gesprochen wird, ohne zum Vokal der folgenden Silbe gezogen zu werden; also les amis — léz-ámi oder gar lès-ámi statt lě-zá-mi.

schlechten Aussprache zum grossen Teil in der Bindungswut fanden, ist schon mehrfach öffentlich ausgesprochen worden *). Andererseits wird bei der Bindung oft nur an das Lautwerden und Hinüberziehen von Endkonsonanten gedacht und diese Art der Bindung geübt. Die Bindung der Vokale ist ganz ebenso wichtig und erforderlich innerhalb einer eng zusammengehörenden Wortgruppe: il a été; il va à Paris; il lui donna un franc; on ignore si elle a été apporté d'Asie. Im übrigen ist auch hier wie in vielen anderen Fällen der Charakter des Sprachstoffes in Betracht zu ziehen. Da die Umgangssprache ungleich weniger bindet als die gehobene Rede und da die meisten Stücke, welche auf der unteren Stufe behandelt werden, der ersteren Gattung angehören, so können wir in dieser Beziehung mit gutem Gewissen dem Schüler seine Aufgabe etwas erleichtern und dürfen im Anfangsunterricht getrost nur das allernotwendigste Mass an Bindung von ihm verlangen. Alle diejenigen, welche auf französischen Schulen oder sonst Franzosen unterrichtet oder dem Unterrichte französischer Lehrer beigewohnt haben, werden die Beobachtung gemacht haben, dass die Franzosen viel weniger binden als wir. Wir haben aber keine Veranlassung französischer als die Franzosen selbst zu sein. Auf der höheren Stufe wird mit der grösseren Gewandtheit im Ausdruck auch ein grösseres Mass an Bindung Hand in Hand gehen.

Lautschrift.

Das Gedicht, das ich zur Einübung der Aussprache von der dritten Stunde an durchnahm, ist die französische Übersetzung des Uhland'schen Volksliedes: „Ich hatt' einen Kameraden". Ich gebe es zunächst in der gewöhnlichen Schreibung:

J'avais un camarade,
Le meilleur d'ici-bas.
Le tambour de bataille
Roulait; de même taille,
Nous marquions même pas.

Un boulet dans l'air passe;
Est-ce pour moi, pour toi?
Lui, c'est lui qui succombe;
A mes côtés il tombe
Comme un lambeau de moi.

Vers moi sa main mourante
Se tend, je faisais feu.
A bientôt, mon fidèle;
Dans la paix éternelle
Va, camarade, adieu!

Ich wählte, wie schon gesagt, grade dieses Gedicht, weil es singbar ist, ferner weil der Sinn keine Schwierigkeiten macht und weil die Schüler die dazu gehörige deutsche Melodie schon kannten. Ich verhehle mir nicht, dass man gegen dasselbe anführen kann, es sei eine Übersetzung; aber für den Hauptzweck erwies es sich als passend **).

*) So von dem Franzosen George Dumesnil in der Revue de l'Enseignement secondaire et de l'Enseignement supérieur: „Souvent les maîtres corrigent chez leurs élèves, avec une instance infatigable, une prononciation qui vaut au moins tout autant que la leur. Ils les tourmentent pour leur faire faire, entre les mots, les liaisons les plus recherchées, ce qui est exécuté d'une manière lourde et pédante". — Vergl. Kühn, der französische Anfangsunterricht, S. 5.

**) Die Auswahl an Liedern, die uns zur Verwendung im Unterricht zu Gebote steht, dürfte nicht allzu reichlich sein. Die den Franzosen eigene Gattung von Volks- und Kinderliedern weicht von unserem Geschmack ab.

Das Gedicht wird dem Schüler zunächst nur mündlich übermittelt, ohne jede gedruckte Unterlage. Die Sätze werden in kleine Teile zerlegt den Schülern vorgesprochen, von ihnen nachgesprochen, in die einzelnen Laute zerlegt, dann wieder zusammengesetzt und wieder eingeübt. Laute, welche Schwierigkeiten machen, werden besonders durchgeübt, im Chor und einzeln. Mit der lautlichen Einübung geht die inhaltliche Hand in Hand. Die einzelnen Wörter eines Sinnganzen werden für sich betrachtet, dem Sinne nach erklärt und dann wieder zur Gruppe zusammengesetzt.

Von Grammatischem zu sprechen ist hier nicht der Ort*). Ich habe aus dem Gedicht das Einfachste genommen: Die Verbindung von Geschlechtswort und Hauptwort, die Beziehung zwischen bestimmtem und unbestimmtem Artikel, einige besitzanzeigende und persönliche Fürwörter, vom Zeitwort die Endungen des Imparfait (lautlich) und als Stoff für spätere Verwertung fünf einzelne Formen des Présent. Im allgemeinen muss man sich hüten, gleich zu viel grammatischen Gewinn herausziehen zu wollen. —

Ich spreche also žàvè vor, lasse nachsprechen, erkläre žə = ich, àvè = hatte, žàvè ich hatte. Es folgt wiederholte mündliche Einübung, Zerlegung in die Einzellaute, Wiederzusammenstellung. Viel Chorsprechen. Bei der Zerlegung in Einzellaute deutet anfangs der Lehrer, später ein Schüler auf das Zeichen des zur Zeit hervorgebrachten Lautes an der Lauttafel. žàvè ist das erste Lautganze, welches der Schüler lernt (ž, à, v machen bei uns Schwierigkeiten); das zweite ist ð kàmàràd (ð, k, à, d machen bei uns Schwierigkeiten). Darauf werden beide zusammen versucht, und wenn sie ziemlich gut aufgefasst sind, wird der Laut z zwischen beiden hinzugefügt, was nicht gleich in derselben Stunde zu geschehen braucht. Darauf wird die Zeile singend eingeübt, wobei als neu der Laut ə im Auslaute von kàmàràd hinzutritt. Laute, welche die Schüler noch nicht ordentlich treffen, müssen von ihnen länger ausgehalten werden. So wird, um ð besonders zu üben, žàvèzð . . . . anfangs mit ganz lang angehaltenem ð gesungen.

2. Zeile. le mèjör erstes Lautganze, bestehend aus lə und mèjör = der beste; isi bà zweites Lautganze, isi und bà = hier unten. də = von, disi bà (wie žàvè aus žə-àvè) = von hier unten; vereinigt lə mèjör disi bà. — j, ð, r, d, s, b, à machen Schwierigkeiten; b wird mit vorausgehendem „Blählaut" genommen. Die Laute werden wieder gesondert geübt und dabei an der Lauttafel gezeigt. Geschrieben wird noch nichts.

Da am Anfange der Stunde alle Vokale und Konsonanten durchgeübt und die nötigen Hülfen wieder in Erinnerung gebracht worden sind, so werden diese zwei Zeilen für die eine Stunde genügen, vielleicht auch nur eine. Ist jede Zeile für sich genügend geübt, so werden sie hinter einander gesprochen und gesungen.

Die Bedeutung der Wörter wird im zusammenhängenden Text gelernt; erst nach einiger Zeit als „Vokabel", zunächst vom Französischen ausgehend, gefragt.

In der Sammlung: Recueil de Rondes avec Jeux et de petites Chansons . . p. Charles Leboue. Paris. Louis Grech. 3 fr., finden sich nur wenige, die sich zur Durchnahme eignen. Dagegen hat z. B. das Volkslied: Ma Normandie eine sehr schöne Melodie und wird von den Schülern gern gesungen. Das soeben erschienene „Lehrbuch der französischen Sprache" von Julius Bierbaum, I. Teil (Leipzig 1889, geb. 2 M.), giebt in einem Anhange 10 französische Lieder mit Noten.

*) Bezüglich der Gewinnung der Grammatik aus dem zusammenhängenden Lesestoff verweise ich auf die schon erwähnte Arbeit von Max Walter: „Der französische Klassenunterricht" und besonders auf den Abschnitt: „Die Grammatik", S. 31—61.

Es empfiehlt sich, im Anfange sehr langsam vorzugehen und die lautliche Einübung des französischen Textes recht sorgfältig zu betreiben. Die hierauf verwandte Zeit kommt reichlich wieder ein.

Eine häusliche Aufgabe erhalten die Schüler in der ersten Zeit nicht. Nach einigen Stunden wird ihnen angeraten, sich die Laute und die gelernten Verse des Liedes zu Hause laut zu wiederholen und dabei immer an die Angaben zu denken, welche ihnen in der Schule gemacht worden sind. In den ersten Wochen mussten die Schüler bei der Einübung der stimmhaften Konsonanten immer die Finger am äusseren Kehlkopf halten; beim v mussten sie noch Wochen hindurch zugleich die Oberlippe mit dem Zeigefinger der andern Hand anheben, um das (mittel- und süd-)deutsche Lippen-w zu verhindern.

In den folgenden Stunden wird mit der Durchnahme des Gedichtes auf die angegebene Weise fortgefahren. Die Schüler unterscheiden die Laute allmählich besser und sprechen richtiger nach. Deshalb können die Laute schon in freierer Reihenfolge nach der Lauttafel im Chor oder auch einzeln geübt werden (vergl. die bei den Vokalen angegebenen Übungen S. 13). Mit der Zeit sind die Schüler auf diese Weise mit den Lautzeichen vertraut geworden. Dadurch dass sie beim Hervorbringen des Lautes das betreffende Zeichen ansehen mussten, auf welches der Zeigestock wies, hat sich dasselbe ihnen mühelos eingeprägt. Wenn nach einiger Zeit umgekehrt verlangt wird, dass sie den gewiesenen Laut aussprechen sollen, werden sie gezwungen, den Laut möglichst sorgfältig so zu sprechen, wie er ihnen eingeübt ist, unter Berücksichtigung der dabei erteilten phonetischen Winke. Hat die Einübung gute Früchte getragen, so werden die Schüler unwillkürlich beim i die Lippen ganz breit, die Mundenge sehr klein, beim u und ü die Lippen stark vorstülpen, beim à den Mund so weit wie möglich öffnen, beim z auf den Stimmton achten, beim s auf die Stärke des Luftstromes, beim v auf das Fernhalten der Oberlippe u. s. w. So wird eine innige Beziehung zwischen Laut und Zeichen hergestellt. Das Lautzeichen ist das Bild des vom Lehrer richtig vorgesprochenen französischen Lautes, den der Schüler mit der Zeit selbst hervorbringen lernt.

Neben dem Vor- und Nachsprechen werden verwandte Übungen vorgenommen. Um zu erproben, ob das Gehör schon so weit geschult ist, dass es die vorgesprochenen Laute richtig auffasst, lässt man einzelne Schüler an die Lauttafel kommen, die auf das Zeichen des vorgesprochenen Lautes zu deuten haben. In unserer Gegend werden s und z, p und b, t und d, k und g, ô und ó, à und á, ô und ö, ë und ã, von einigen auch ä und ö, erst nach längerer Zeit genau auseinandergehalten. Eine schwierigere Übung ist die: es werden Verbindungen von mehreren Lauten vorgesprochen, anfangs kleine und später grössere Wörter; der Schüler soll sie in die Einzellaute zerlegen und dieselben an der Lauttafel zeigen.

Bei allen mündlichen Übungen haben die Schüler auf die Aussprache der Mitschüler zu achten; sie „melden" sich, wenn sie Fehler bemerken und verbessern dieselben.

Um mehr Schüler auf einmal zu beschäftigen, werden mehrere vor die Klasse gerufen (etwa vier au zwei Wandtafeln); sie schreiben für die vorgesprochenen Laute die Zeichen an. Die Lauttafel bleibt den Schreibenden wie den übrigen dabei sichtbar; die Schüler brauchen aber bald nicht mehr auf dieselbe zu sehen. Dieses Verfahren, wie die oben angegebenen, nötigt die Schüler, sich von der Natur der Laute genau Rechenschaft abzulegen.

Zwei lautliche Diktate wurden auch ins „gute Heft" gemacht, die beiden einzigen schriftlichen Arbeiten im ersten Vierteljahr vor Übergang zur gewöhnlichen Rechtschreibung. Ich habe die

Hefte vor mir. Das erste wurde in der dritten Woche geschrieben und enthält 16 einzelne Laute und 15 Wörter; das zweite wurde 18 Tage später geschrieben und enthält fünf kleine Sätze mit 27 Wörtern, welche die Schüler inhaltlich verstanden. Von 48 Schülern schrieben die erste Arbeit 14 ohne Fehler, 27 machten einen oder zwei Fehler, 6 machten schwerere oder zahlreichere Fehler, ein Schüler fehlte. Die zweite Arbeit machten 25 ohne Fehler, leichtere Fehler machten 18, schwerere 5. Um Irrtümer zu vermeiden, will ich hinzufügen, dass ich das Ergebnis der Arbeiten nicht etwa in der Absicht anführe, um zu zeigen, wie gut dieselben ausgefallen, sondern um im Gegenteil darauf hinzuweisen, dass trotz der voraufgegangenen sorgfältigen Lautübungen dennoch eine grössere Anzahl von Schülern die Laute noch nicht richtig aufgefasst hätten und auseinanderhalten konnten; ein Beweis mehr, wie notwendig sorgfältige lautliche Schulung ist.

Es ist von mehreren Seiten behauptet worden, — allerdings, so weit meine Kenntnis reicht, nicht von solchen Fachgenossen, welche Versuche angestellt haben — es führe zu Unzuträglichkeiten, dass der Schüler zwei verschiedene Arten der Schreibung lernen muss, das bedeute eine Belastung des Gedächtnisses. — Es ist wahr, die Zeichen der Lauttafel müssen sich dem Gedächtnis einprägen; aber dies geschieht so mühelos, ohne dass der Schüler es selbst merkt (die Zeichen sind auch so gewählt, dass sie sich leicht behalten), dass von einer Belastung nach dieser Richtung hin nicht wohl im Ernst die Rede sein kann. Das meinen wohl auch die meisten nicht. Das Gefährliche des Verfahrens suchen einige Gegner vielmehr darin, dass nach ihrer Meinung der Schüler erst die Schreibung der Wörter nach der lautlichen Schreibung und später nach der gewöhnlichen geschichtlichen Schreibung lernen soll. Nichts ist unbegründeter als dieser Vorwurf. Ja, wenn es auf die Schreibung ankäme! Aber nicht sie spielt irgend welche Rolle, sondern die Aussprache, und nur die Aussprache. Der Schüler soll sich niemals gedächtnismässig durch Anschauen das lautliche Schriftbild als solches einprägen, sondern er soll vor allen Dingen den durchgenommenen Sprachstoff gut französisch aussprechen lernen. Wird er aufgefordert, das Gelernte lautlich aufzuschreiben, so geschieht dies in der Absicht zu ermitteln, ob der Schüler die Laute richtig aufgefasst hat und bewusst richtig hervorbringen kann. Er giebt mit den Zeichen, die er aufschreibt, nur ein Abbild seiner eignen Aussprache. Wenn ein Schüler nach dieser Art des Verfahrens beim lautlichen Aufschreiben einen Fehler macht, so kann der Lehrer sicher sein, der Schüler hat den betreffenden Laut nicht erfasst und kann ihn nicht richtig hervorbringen. Dass so die Lautschrift ein vortrefflicher Prüfstein der Aussprache ist, wird niemand leugnen wollen.

So lange die Schüler noch beim Anschreiben des Gelernten (welche Übung ab und zu vorgenommen wird) Fehler machen, so lange werden die benachbarten Laute (bei den Vokalen die zusammengehörigen offenen und geschlossenen, bei den Konsonanten die zusammengehörigen stimmlosen und stimmhaften) noch nicht ordentlich auseinandergehalten; die Einübung der Einzellaute kann also noch nicht entbehrt werden. Denn es kommt für den weiteren Verlauf des Unterrichts nicht blos darauf an, dass der Schüler die Laute sicher unterscheidet, sondern darauf, dass er sie mehr gewohnheitsmässig richtig hervorbringen lernt. Gehör und Sprachwerkzeuge müssen sich an die neuen Laute so gewöhnen, dass diese ohne besondere Willensthätigkeit zum Vorschein kommen.

Wenn nun der Schüler durch dieses Verfahren so weit gebracht ist, dass er die Laute gut und mühelos unterscheidet, so kommt dies auch der gewöhnlichen Rechtschreibung sehr beträchtlich zu gute, wie später ausgeführt werden soll. Denn eine grosse Anzahl der Verstösse gegen die Schreibung hat darin ihren Grund, dass der Schüler die Laute in der Aussprache nicht auseinanderhalten kann.

Also weit entfernt davon, die Aneignung der Rechtschreibung zu erschweren, trägt die lautliche Schulung wesentlich dazu bei, sie zu unterstützen. Fehler in der Schreibung von p und b, t und d, e und g, ch und g dürfen in lautlich gut geschulten Klassen nicht mehr vorkommen. Kommen solche vor, so ist es eben ein Zeichen dafür, dass die lautliche Schulung noch nicht genügend vorhanden ist *).

Aus dem Gesagten ergiebt sich auch, weshalb ich das Schlagwort „Lautschrift" im Kampf um die Methode nicht so laut gerufen haben möchte und der Lautschrift keine so ausschlaggebende Bedeutung beimessen kann. Lautliche Schulung durch berufene Lehrkräfte, das ist die Grundbedingung für einen erfolgreichen Anfangsunterricht. Die Lautschrift ist nur ein zweckmässiges aber nebensächliches Hülfsmittel derselben.

Es lag nun nahe, die Lautschrift auch in anderer Weise zur Unterstützung zu verwenden.

Dass das Arbeiten ohne gedruckte Unterlage, ohne Lehrbuch, ein Missstand ist, kann nicht geleugnet werden; der ganze Erfolg des Unterrichts ist mehr von der Persönlichkeit des Lehrers abhängig. An ihn werden daher, auch in rein körperlicher Hinsicht, viel grössere Anforderungen gestellt. Er wird deshalb gern sich eines Hülfsmittels bedienen, das geeignet ist den Gang des Unterrichts zu beschleunigen. Soll der Lehrer die ganze erste Zeit hindurch, sagen wir das erste Vierteljahr, nur mit dem rechnen, was er durch die mündliche Einübung in der Unterrichtsstunde erreicht, so wird er bald merken, dass er sehr langsam weiterkommt. Das Fehlen der häuslichen Wiederholung macht sich fühlbar.

Dass in der allerersten Zeit keine häusliche Aufgabe gestellt werden kann, ist schon erwähnt. Der Schüler könnte leicht durch die Wiederholung zu Hause das verderben, was er an guter Aussprache sich in der Stunde angeeignet hat. (Angehörige, die es gut meinen, helfen auch oft dabei mit!) Wenn aber die Einführung in die fremden Laute so weit vorgeschritten ist, dass der Schüler nicht mehr ohne weiteres seine deutschen Laute einsetzt und dass er imstande ist, die gegebenen phonetischen Winke selbständig zu befolgen, so darf man ihm ohne Gefahr die Lautzeichen mit nach Hause geben, damit er in der Lage ist, das Gelernte zu befestigen.

Ich habe in der achten Stunde damit angefangen, das Vorgesprochene zur Unterstützung der Einübung ganz gross an die Tafel zu schreiben. Während bis dahin der Lehrer oder ein Schüler in der Reihenfolge, wie sie der Satz bestimmte, auf die Zeichen an der Lauttafel deutete,

---

*) Man kann leicht im deutschen Unterricht den Versuch machen, ob die Schüler imstande sind, richtig Vorgesprochenes lautlich richtig aufzufassen. Man wähle Wörter aus, die in der betreffenden landschaftlichen Mundart gleich klingen, aber verschiedenen Sinn haben und anders geschrieben werden. Solche Beispiele sind für verschiedene Sprachgegenden anders zu wählen. (Vergl. Walter's Schrift: Der Anfangsunterricht im Englischen auf lautlicher Grundlage. Jahresbericht der Realschule zu Kassel. 1867. S. 9.) Bei uns werden: leiten und leiden; begleitet und bekleidet; Griechen, kriechen und kriegen; Greis und Kreis; gedrängt und getränkt; reissen und reissen; Weise und Weisse; er dringt darauf und er trinkt darauf; Flur und Fluch; Narren und Nachen; geartet und geachtet; Kuren und Kuchen; verloren und verlogen (Eingeborene Gelegenheitsdichter reimen daher auch solche Wörter) in der mundartlichen Aussprache verwechselt.

Ich habe den Versuch gemacht, der nahe liegt, und habe solche Wörter in einer lautlich geschulten und in einer lautlich nicht geschulten Klasse als Diktat gegeben. Das Ergebnis war schlagend.

Das beweist wieder 1) dass die Schüler lautlichen deutschen Anfangsunterricht im ersten Jahr ihrer Schulzeit von lautlich vorgebildeten Lehrern erhalten müssten und 2) dass die Lehrer im Unterricht so dialektfrei als möglich reden sollten.

wurden dieselben jetzt gewissermassen von der Lauttafel weggenommen und an einander gereiht. Das Anschreiben sollte das Vorsprechen nicht ersetzen, sondern nur die Einübung beschleunigen; denn diese geht schneller von statten, wenn dem Schüler nicht nur durch das Ohr, sondern auch durch das Auge der Sprachstoff übermittelt wird *).

Nach genügender Einübung schrieben dann die Schüler nach Diktat die einzelnen Lautzeichen in ihr Heft, indem sie angewiesen wurden, das Niedergeschriebene sofort mit dem an der Tafel Stehenden zu vergleichen. Der Lehrer geht indessen zwischen den Bänken hindurch und beaufsichtigt das Niederschreiben, um Fehler zu verhüten. Da zuerst nur wenig durchgenommen wird, nimmt dieses Einschreiben nicht viel Zeit in Anspruch und ist ausserdem eine ganz nützliche Übung im Erfassen der Laute. Dieser eingeschriebene Text darf nun getrost zur nächsten Stunde als Aufgabe gegeben werden, natürlich so, dass verlangt wird, der Schüler soll das Durchgenommene fliessend und mit richtigen Einzellauten mündlich hersagen können. Das Heft liess ich so einrichten, dass ich die Lautschrift auf die linke Seite schreiben liess, mit der wörtlichen deutschen Übersetzung Zeile für Zeile darunter; die rechte blieb frei für die gewöhnliche Rechtschreibung, zu der erst im zweiten Vierteljahr übergegangen wurde. In dem lautlichen Texte deuteten senkrechte Striche (|) das Ende eines kleinen Lautganzen an. Länge und Kürze **) der Vokale, Tonhöhe und Tonstärke werden nicht bezeichnet, sondern der alleinigen Vermittlung des Ohres überlassen; ebenso wird bei Lautangleichung (vergl. S. 28) das Stimmloswerden nicht besonders bezeichnet, also tien = tʲě.

Das Lautbild des Gedichtes Le bon camarade, als Gedicht, nicht als Lied geschrieben, sah demnach folgendermassen aus. Diejenigen welche die Lautschrift nicht gewöhnt sind und auf welche das ungewohnte Bild infolgedessen abschreckend wirkt, bitte ich zu berücksichtigen, dass die Schüler eben die Zeichen gewöhnt sind und einen wirklichen Inhalt mit denselben verknüpfen, und weiter, dass sie nicht wie die Erwachsenen infolge der Kenntnis des Schriftbildes schon befangen sind. Davon dass die phonetische Schrift „gradezu sinnverwirrend auf den eifrigsten Schüler wirken" muss und „eine völlig neue Sprache ist, zumal mit vielen neuen Sprachzeichen" (Brennecke), kann bei dem oben geschilderten Verfahren gar keine Rede sein. Sinnverwirrend wirkt die Lautschrift nur auf diejenigen, die nicht die Lautwerte kennen, welche die Lautzeichen darstellen, und denen sich die orthographischen Schriftbilder schon so fest eingeprägt haben, dass sie gewöhnt sind, nur in diesen Bildern die den Worten zu Grunde liegende Bedeutung zu finden. Beides findet bei Schülern, welche erst in die Sprache eingeführt werden, nicht statt.

žávè-z-õ kámárád ***), |
lə mèjŏr d isi bà. |
lə tàbur de bátàj
rulè; | də mèm tàj, |
un márkjŏ mèm pà. |

*) Nur nebenbei sei erwähnt, dass nach neueren physiologischen Untersuchungen, besonders von Dr. V. Urbantschisch in Wien, ausserdem eine Sinneserregung auf die übrigen Sinnesempfindungen fördernd einwirken soll, so dass man in der That besser hört, wenn zugleich die Sehwerkzeuge gereizt werden und umgekehrt.

**) Die konsonantisch gewordenen Vokale i, u, ü wurden in Verbindungen wie z. B. bien, moi, lui mit I oder j. û, ü bezeichnet, also blĭ- oder bĭě, můá, lůi.

***) Die Trennung in einzelne Wörter ist durch die Schrift ausgedrückt, obwohl die gesprochene Sprache diese Trennung nicht kennt. Der Schüler wird angewiesen, die einzelnen Lautganzen, welche zwischen zwei Strichen stehen,

ŏ bulè dâ l èr pàs;		vèr mŏá sá mè murät
è so pur mŏś,	pur tŏá?		sə tä,	žə fəzè fŏ.	
lŏi,	sè lŏi	ki sŏkŏb;		́ bjětó,	mŏ fidèl,	
á mè kóté-z-il tŏb		dâ lá pè-z-étèrnèl	
kŏm ŏ lâbó də mŏá.		vá,	kámárád, adjô!	

Dieses Lied wurde auch später im Laufe des Jahres öfter gesungen. Da es mit besonderer Sorgfalt eingeübt war, stellte sich die Wiederholung desselben als ein geeignetes Mittel dar, die Schüler im Festhalten der guten Aussprache zu unterstützen. Auch diente es vielfach dazu, bei eingetretener Müdigkeit die ᵀLebensgeister wieder etwas anzuregen. Später wurden noch zwei andere Lieder gesungen.

Sprechübungen.

Nebenher versuchte der Lehrer auch auf andere Weise, die Schüler an das schnelle Auffassen und an das richtige Aussprechen von französischem Sprachstoff zu gewöhnen und sie zugleich in die Kenntnis der Sprache einzuführen.

So wurden die Anweisungen, welche im französischen Unterricht häufiger wiederkehren, in französischer Sprache gegeben und inhaltlich erklärt. Ohne dass es die Schüler eine besondere Anstrengung kostet, fassen sie auf diese Weise mit der Zeit eine ganze Anzahl von Wörtern und Redensarten auf und bereichern so ihren Wortschatz. Gemeint sind Anweisungen wie levez-vous, asseyez-vous, venez ici, viens ici, ouvrez les fenêtres, ouvre la fenêtre, fermez la porte, répétez cela, allez, continuez, récitez, chantez, lisez, écrivez, soulignez, nettoyez, essuyez, racontez, dictez, dites-moi; plaît-il? encore une fois, prenez vos livres, mettez-les sur (sous) la table, prenez la plume, le crayon, à la main; le banc, la chaise, le tableau (noir), la craie, l'éponge, le son, la voyelle, la consonne, le sujet, le verbe, le régime, la faute, une faute, deux . . fautes, le poème, la chanson, les élèves, à gauche, à droite, bien, très bien, fort bien, assez bien, mal, très mal, vite, plus vite, tous, tous les élèves, toute la classe, ensemble, en allemand, en français, comme il faut, que veut dire? . . . .

Am Ende des ersten Vierteljahrs liess ich mir von den Schülern solche Ausdrücke, die sie bis dahin nur mit dem Ohr aufgefasst hatten, in Lautschrift zu Hause auf ein Blatt schreiben, um zu sehen, wie viele sich auf diese Weise ihrem Gedächtnisse eingeprägt hatten (50–60 Nummern stellten die besseren Schüler zusammen), und es war sehr lehrreich zu sehen, wie sich diese Ausdrücke im Kopfe der Schüler darstellten.

An solche Anweisungen und Befehle lassen sich im weiteren Verlauf des Unterrichts in zwangloser Weise kleine Sprechübungen knüpfen, welche auch für grammatische Zwecke nutzbar sind, besonders für die Konjugation des Zeitworts, für die Formen des Artikels, des persönlichen und besitzanzeigenden Fürworts u. dergl. Ein ganz einfaches Beispiel: Ich sage zu zwei oder drei Schülern: Fermez les fenêtres! Qu'est-ce que tu fais? — Je ferme une fenêtre . . — Qu'est-ce que tu fais, toi? — Je ferme l'autre fenêtre? — Et toi? — Je ferme la troisième fenêtre. — Oder: Qu'est-ce que vous faites? — Nous fermons les fenêtres. — Zu einem andern

---

(Sprechtakte) wie ein Wort zu sprechen. Beim Singen tönt bei dem 1., 3. und 4. Versende noch der ə-Laut nach, also kámárələ, bátájə, tâjə u. s. w.; ausserdem noch im 4. und 5. Verse der 1. Strophe bei mèmə.

Schüler gewandt: Qu'est-ce que Charles fait? — *Il ferme* une fenêtre u. dergl. Nachdem der Befehl ausgeführt: Qu'est-ce que tu as fait? — *J'ai fermé* la fenêtre. — Qu'est-ce qu'il a fait? — *Il a fermé* la fenêtre. — Qu'est-ce que vous avez fait? — *Nous avons fermé* les fenêtres. — Qu'est-ce qu'ils ont fait? — *Ils ont fermé* les fenêtres. — Oder ein anderes Beispiel: Va au tableau noir! — Qu'est-ce que tu vas faire? — *Je vais aller* au tableau. — Qu'est-ce que tu feras? — *J'irai* au tableau. — Oder: Ecrivez ces mots au tableau! — Qu'est-ce que vous ferez? — *Nous écrirons* au tableau . . . — Oder: Vous me prêterez votre livre, n'est-ce pas? — Oui, monsieur, *je vous prêterai* mon livre. —

Bei derartigen Übungen, die gelegentlich in den Unterricht eingestreut werden können, giebt die Frage des Lehrers dem Schüler ein Muster für die Aussprache der in der Antwort verwandten Wörter, da diese schon in der Frage vorkommen.

Ferner wurden, besonders in den Nachmittagsstunden, deren wir zwei hatten, kleine Sprechübungen auf Grundlage der Anschauung (Schulzimmer, Schüler, Schule, Wetter u. dergl.) vorgenommen. Auch dieses Mittel ist sehr geeignet, die Schüler in die lebendige Sprache einzuführen. Diese Seite des fremdsprachlichen Unterrichts verdient weiter ausgebaut zu werden. Derartige Übungen sollten allgemeiner betrieben werden. Sie vermehren den Wortschatz des Schülers, ohne ihm viel Mühe zu machen; sie führen ihn auf ungezwungene Weise in die französische Betonungsweise ein, geben ihm Mut und Vertrauen, sich selbst an die Bildung von französischen Sätzen, an den Ausdruck eigener Vorstellungen in fremdem Gewande (natürlich in sehr bescheidenem Masse zunächst) heranzuwagen und bereiten ihm viel Vergnügen, was nicht gering anzuschlagen ist.

Sie haben weiter den Vorteil, dass sich der französische Ausdruck unmittelbar mit dem sinnlich wahrgenommenen Gegenstand (Zustand, Thätigkeit . . .) verbindet, so dass die Vermittlung des Deutschen überflüssig ist; ein Umstand, welcher der Einführung in die fremde Sprache ausserordentlich förderlich ist. Auch die Behandlung der Zahlen, auf welche schon hingewiesen wurde, empfiehlt sich aus demselben Grunde. Endlich haben diese auf der Anschauung beruhenden mündlichen Übungen den gewaltigen Vorzug, dass der Schüler mit allem, was er hört und ausspricht, thatsächlichen Inhalt verbindet, dass er nicht leere Wörter und Redensarten in sich aufnimmt, sondern lebendigen Sprachstoff.

Was soeben gesagt worden ist, gilt auch für die Anschauungsbilder. Sie in planmässiger Weise im fremdsprachlichen Unterricht nutzbar gemacht zu haben, ist besonders das Verdienst von Ferd. Schmidt, Realschuldirektor in Hanau, der an der Realschule zu Wiesbaden umfassende und ergebnisreiche Versuche angestellt hat, durch deren Veröffentlichung er sich gewiss den Dank zahlreicher Fachgenossen erwerben würde. Angeregt durch ihn sind auch am Realgymnasium zu Wiesbaden und neuerdings auch an unserer Realschule von mehreren Kollegen Versuche mit der Benutzung der Hölzel'schen Jahreszeiten-Bilder *) angestellt worden, welche sehr befriedigt haben **).

---

*) Hölzel's Wandbilder für den Anschauungs- und Sprachunterricht. Herausgegeben auf Anregung des 1. Wiener Lehrervereins „Die Volksschule". 4 Blatt: Die 4 Jahreszeiten; 4 chromolith. Taf. gr. Fol. Wien, Hölzel. — Zusammengeklebt mit Leineneinfassung jedes Blatt 5 M. — auf Leinwand 7,60 M. — auf Leinwand mit Stäben 9,60 M.

**) Auch der leider so früh verstorbene Kollege Ide hat am hiesigen Realgymnasium vor einer längeren Reihe von Jahren Anschauungsbilder im französischen und englischen Unterricht zu grunde gelegt.

Diejenigen, welche auf solche Übungen mit Missachtung blicken und sie als Bonnenmethode oder Kellnerfranzösisch bezeichnen, irren sehr. Natürlich darf man sie wie alle anderen Sprechübungen nicht in planloser Weise vornehmen; man darf nicht gelegentlich von einem Gegenstand sprechen, um ihn dann für alle Zeit wieder fallen zu lassen; sondern die Übungen müssen in einer bestimmten Ordnung vorgenommen und zu den übrigen Übungen in beständiger Beziehung erhalten werden.

An die Durchnahme des Gedichtes bezw. Liedes schliessen sich nach dem von mehreren Kollegen unserer Anstalt angenommenen Verfahren kleine Erzählungen, wie sie die bei uns noch im Gebrauch befindlichen Lehrbücher Plötz, Elementargrammatik, und Lüdecking, Französisches Lesebuch I Teil, enthalten. Im Laufe des ersten Vierteljahres nahm ich durch Courte Harangue (Plötz I, 9), Erreur d'un Paysan (Lüdecking I, 5), Le Maréchal de Saxe (Lüdecking I, 21) und einen Teil der längeren Geschichte: L'Anthropophage (Plötz I, 12). Die Stücke wurden nicht ganz wörtlich gegeben, sondern in etwas vereinfachter Form. Das Lehrbuch brauchten die Schüler noch gar nicht. Es wurde aller Unterrichtsstoff rein mündlich durchgenommen und eingeübt, und zur Unterstützung des Gedächtnisses und zum Zwecke einer Beschleunigung der Einübung wurde das mündlich schon Durchgearbeitete in Lautzeichen an die Tafel geschrieben und den Schülern im Heft mit nach Hause gegeben. Die Stücke wurden sämtlich so durchgearbeitet, dass sie völlig Eigentum der Schüler wurden, d. h. dass die Schüler sie fliessend und sinngemäss hersagen konnten und die Bedeutung der Wörter im Zusammenhang und ausserhalb des Zusammenhangs kannten. Dies wird erreicht durch die Einübung des Textes und durch französisch gestellte Fragen über den Inhalt, die französisch zu beantworten sind.

Der im Laufe der 10 Wochen des ersten Vierteljahres durchgenommene Unterrichtsstoff wird nicht allzu gering erscheinen, wenn man berücksichtigt, dass bei uns auf der Realschule das Französische die erste fremde Sprache ist, in welche der Schüler eingeführt wird, und dass der Schüler durch den Anfangsunterricht in der fremden Sprache erst mit den grammatischen Grundbegriffen bekannt gemacht werden muss. Auf Realgymnasien, wo schon durch den Unterricht im Latein die Grundlage für die Grammatik gelegt worden, wird man erheblich schneller fortschreiten können.

Am meisten Mühe verursachen die ersten Wochen, da alles, was den Schülern entgegentritt, einer neuen Welt angehört; später geht es schon leichter.

An die Lesestücke oder vielmehr Lernstücke, denn von Lesen kann noch nicht die Rede sein, schlossen sich Sprechübungen der einfachsten Art, indem der Schüler dazu angehalten wurde, französisch gestellte Fragen französisch zu beantworten. Beim ersten sehr kleinen Stücke wurde nach erfolgter Durchnahme des Stückes mit dieser Übung begonnen, bei den folgenden schon während der Durchnahme zur Unterstützung derselben.

Das erste Lernstück wurde nach öfterem Vor- und Nachsprechen in folgenden Lautzeichen dem Auge dargestellt: ó kōmãsnã dõ bãtãj, | ãri kãt(r) | di-t-ıl sə sõldã: | žə süi võt rüã, | vu-z-èt fräsè, | vũãlã l'enmi!

Es wurden die Fragen gestellt: *Qui* dit ces mots (Je suis . . .) aux soldats? — *Quand* dit-il ces mots? — *A qui* dit-il ces mots? — *Que* dit-il? oder *Qu'est-ce qu'il dit?*

Die Fragen werden zunächst so gestellt, dass der Schüler mit dem Wortlaut des Textes antworten kann, später werden sie freier. Doch auch so schon sind sie von Nutzen, indem sie den Schüler dazu anhalten, immer mit dem, was er hört und ausspricht, den den Worten zu

Grunde liegenden Sinn zu verknüpfen. Es prägt sich das Wort dann nicht als blosse „Vokabel“ dem Schüler ein, sondern er verbindet mit ihm eine gewisse Vorstellungsreihe. Der Schüler wird nun allmählich dazu hinzuleiten gesucht, sich vom Deutschen freizumachen und, wie bei den Anschauungs-Sprechübungen und Zahlen, mit der Vorstellung den fremden Ausdruck so zu verknüpfen, dass dieser sich ihm zur Wiedergabe derselben oder einer ähnlichen Vorstellung ohne Vermittlung des Deutschen einstellt. Verhindern muss der Lehrer bei dieser Übung, dass das Antworten ein gedankenloses Wiederholen des gelernten Satzes wird.

Das zweite Lernstück trugen die Schüler nach erfolgter mündlicher Einübung in folgender Form ein:

ð žur, | ð pèizä | ălá ó šätó d ŏ grä sèñòr *).

il pòrtò | ñu kòrbèj də pŭấr.

sür l èskäljé, | il truvá dŏ sèž.

il-z-étè vètü | kòm lè pti-z-äfä.

lòr-z-ábi | étè trè bó | é brŏdé d òr.

il-z-ávè | ün ptit épé ó kóté | é ŏ šápó sür la tèt.

sè-z-änimó | so žtèr sür lä kòrbèj dü pèizä, | ki ótä rèspèktüózmä sŏ šápó | ó so lèsä prädrə | ün gräd pärti də sè pŭấr.

lə sèñòr | vi lä kòrbèj | ấ müätjé vid, | é il di-t-ó pèizä: | purkŭä n ἄ tü pà räpli tấ kòrbèj (tŏ pấnjé)?

lə pèizä répòdi | : mòsèñòr, | èl (il) étè bjë plèn (plè), | mè vó fis l ŏ vidé; | il-z-ò truvé | lè pŭấr d(ə)lòr gu. |

Bei der mündlichen Durchnahme dieser Geschichte wurden die Fragen zunächst im Anschluss an den Wortlaut des Textes gestellt, später bei Wiederholungen wurde von dem Wortlaut mehr abgesehen.

Die gestellten Fragen waren etwa: Qui alla un jour au château? — Où alla-t-il? — Qu'est-ce qu'il portait?**) — Qu'est-ce qu'il y avait dans la corbeille? — Y avait-il beaucoup de poires? (Est-ce qu'il y avait beaucoup de poires?) — Qui trouva-t-il sur l'escalier? — Combien de singes y avait-il? — Comment étaient-ils vêtus? — Qu'est-ce qu'ils avaient sur la tête (au côté)? — Qu'est-ce qu'ils firent? — Que fit le paysan? — Que dit le seigneur? — Combien de poires avaient-ils prises? — Qui les avait prises? — Les avaient-ils mangées? — Qu'est-ce que le paysan répondit? —

Die Beantwortung der Fragen macht, wie auch die vorgenannten Sprechübungen, den Schülern viel Vergnügen. Nach Verlauf einiger Zeit werden die fähigsten Schüler imstande sein, selbst Fragen zu bilden. Die Aufgabe, an die Klasse französische Fragen zu richten, habe ich im ersten Jahre als eine Auszeichnung betrachtet, die den besten und eifrigsten zu teil wurde.

---

*) An dieser Stelle kam der ñ-Laut zum ersten Male vor (vergl. S. 17), auch g und ä fanden sich zufällig in den beiden durchgenommenen Stücken nicht, waren aber den Schülern schon durch die Übungen an der Lauttafel bekannt.

**) Die Frage mit Qu'est-ce que u. ä. möchte ich raten, gleich von Anfang an einzuführen. Sie wird im Französischen häufiger gebraucht als diejenige mit que und lässt sich vom Schüler leichter handhaben, da die gewöhnliche Wortstellung bleibt: il portait, qu'est-ce qu'il portait? — entsprechend mit est-ce que.

Eine Antwort, die sich von dem Wortlaut des gelernten Textes losmacht und früher gelernte Ausdrücke zu neuer Gedankenverbindung heranzieht, sollte besonders gern angenommen und belobt werden.

Später wenn der Schüler in der Kenntnis des Gebrauches der Verhältniswörter beim Hauptwort (Ersatz der Deklination), der Mehrzahl, der häufigst gebrauchten Formen des Zeitworts, der Fürwörter weiter vorgeschritten ist, lassen sich an diesem Stücke einfache Umformungen vornehmen [*]). Mit solchen habe ich im dritten Vierteljahr begonnen; ausser diesem Stück eignet sich besonders die Geschichte L'anthropophage dazu, die im zweiten Vierteljahr zu Ende geführt wurde, ausserdem von den später behandelten Ignorance (Plötz, Elementargrammatik, II. Reihe, 19), Le roi et le page (Plötz, El.-Gr., II. Reihe, 10), Sang-froid récompensé (Plötz, El.-Gr., II. Reihe, 13), Leçon donnée à un Paresseux (Plötz, El.-Gr., II. Reihe, 15), Energie précoce (Plötz, El.-Gr., II. Reihe, 18).

„Auch diese Übung nötigt den Schüler, an den Sinn der französischen Formen zu denken, und verhindert verständnisloses Hersagen. Dieselbe ist auch für die grammatische Ausbeutung des Stoffes von der allergrössten Wichtigkeit. Dadurch dass der Schüler angehalten wird, die Einzahl in die Mehrzahl, eine Person in die andere, das Aktiv in das Passiv, die direkte Rede in die indirekte u. d. m. zu verwandeln, gewinnt er eine gewisse Gewandtheit in der Handhabung der französischen Sprache, ohne durch den Umweg der Übertragung ins Deutsche oder aus dem Deutschen abgelenkt zu werden. Dabei wird der Lehrer gut thun, diese Umformungen nicht als blosse Wortumformungen vom Schüler vornehmen zu lassen, sondern es muss Wert darauf gelegt werden, dass das stoffliche Interesse im Vordergrunde bleibt und dass nur durch dieses bedingt die neue Form gebildet wird" [**]).

Man wird also bei einer Umwandlung in die I. Person Einzahl beispielsweise dem Schüler sagen: Tu es le paysan; tu as porté des poires au château d'un grand seigneur. Raconte-nous comment l'affaire s'est passée. — Er wird dann erzählen: J'allai un jour au château d'un grand seigneur. Je portais une corbeille remplie de poires. Sur l'escalier je trouvai deux singes que je pris pour deux petits garçons. Leurs habits étaient très beaux . . . . Oder man wird die Geschichte von dem einen von zwei Bauern erzählen lassen, welche ins Schloss gegangen waren: Un jour, nous allâmes au château . . Oder man erzählt die Geschichte von einer Bäuerin: Un jour, une paysanne alla au château d'un grand seigneur. Elle portait . . . oder von zwei Bauern: Un jour, deux paysans allèrent au château . . oder Un jour, un paysan et son fils oder et sa fille oder et sa femme . . . oder man sagt: sur l'escalier il trouva un singe oder ils trouvèrent un singe. — Oder man verlangt: vous êtes le grand seigneur . . . .: Un jour, je vis un paysan, portant une corbeille de poires, entrer dans mon château . . . u. s. w.

Auf einer höheren Stufe könnte man auf diese Erzählung wieder zurückkommen, um freiere Umformungen vorzunehmen und in der Zwischenzeit gelernte Ausdrücke zu verwenden. Etwa: Le propriétaire d'un château avait commandé des poires chez un habitant de son village.

---

[*]) Einige hat Kühn in seinen Übungen zum französischen Lesebuch, Bielefeld und Leipzig. 1887. S. 6 angegeben. — Ausserdem verweise ich alle diejenigen, welche dieselbe noch nicht kennen sollten, auf die Begleitschrift zu dem französischen Lesebuch von Karl Kühn: Der französische Anfangsunterricht. Bielefeld und Leipzig. 1887. 0,50 M.

[**]) Auszug aus dem im Schuljahr 1887/88 an unserer Schule ausgearbeiteten „Methodischen Lehrplan des Französischen."

Celui-ci vint lui-même les lui remettre. Il portait un panier qui était rempli de poires. Il entra dans le château. Dans le vestibule il rencontra par hasard deux singes qui avaient tout à fait l'air de petits enfants. Ils étaient richement vêtus . . . .

Wie diese Arten von mündlichen Übungen, so können auch die der Einführung in die grammatischen Erscheinungen und der Befestigung derselben dienenden zweckmässig dazu verwandt werden, die Sprechfähigkeit der Schüler zu vermehren. Zu dem Zwecke werden solche Übungen möglichst in die Form von ganzen Sätzen gekleidet. Sie haben dann vor der bisher im allgemeinen üblichen den Vorzug, dass sie nicht reine Formenübungen sind, die fast ganz jedes inhaltlichen Interesses entbehren, sondern dass auch hier die Form mehr eine Dienerin des Inhalts ist. Natürlich soll damit nicht gesagt sein, dass das Hersagen der blossen Formen ganz zu verwerfen sei. Dieselben werden im Unterricht nicht vollständig vermieden werden können; bei der Einübung der grammatischen Erscheinungen aber ist der einen Sinn bietende ganze Satz bei weitem vorzuziehen.

Solche Übungssätze werden nach gewissen Gesichtspunkten „durchgemacht". Sie können verschiedenen Zwecken dienen; so auf der untersten Stufe: der Einführung in die Konjugation („Konjugationssätze"), in die Kenntnis der besitzanzeigenden Fürwörter, der persönlichen Fürwörter u. s. w. Für die Aussprachelehre sind sie insofern den sonst gebrauchten Übungsformen vorzuziehen, als sie den Schüler zwingen, in ganzen Sätzen zu reden und die für die Satzbetonung in Betracht kommenden Gesetze zu beachten. Auch bei ihnen wird der Lehrer gut thun die Schüler dazu anzuhalten, nicht die Rücksicht auf den Inhalt über der Form zu vernachlässigen.

Diese Übungssätze sollen dem Schüler weiteren Sprachstoff als Grundlage für die Gewinnung der grammatischen Gesetze abgeben. Es ist bei Schülern im jugendlichen Alter für die Erzielung grammatischer Sicherheit vorteilhaft, dass sie erst ganz unbefangen den fremdsprachlichen Ausdruck in sich aufnehmen und zu festem Besitz machen, ehe sie an die grammatische Betrachtung desselben herantreten. Und zwar ist es für die grammatische Sicherheit von Nutzen, wenn auf diese Weise erst möglichst viele Einzelformen, aus denen man später das grammatische Gesetz induktiv gewinnen will, Eigentum der Schüler geworden sind und wenn die „Regel" erst dann eintritt, wenn sie auf einer ausreichenden Menge sicheren Sprachstoffes aufgebaut werden kann. Denn es heisst den Schüler gradezu zur Unsicherheit verleiten, wenn man ihn veranlasst, Betrachtungen über eine Erscheinung anzustellen, die er erst noch in sich aufnehmen soll.

Bei der Einführung in die Formenlehre wird es sich nicht streng durchführen lassen, ausnahmslos nur solche Formen zusammenzustellen, die im durchgenommenen Sprachstoff schon vorgekommen sind. Es darf ein oder die andere Form ergänzt und neu hinzugefügt werden. Doch empfiehlt es sich auch hier, grundsätzlich die Zusammenfassung erst dann vorzunehmen, wenn der Schüler im grossen und ganzen die Einzelformen schon aus dem zusammenhängenden Sprachstoffe kennen gelernt hat.

In der ersten Zeit des Unterrichts wurden zunächst die Formen des Imparfait und diejenigen des persönlichen und des besitzanzeigenden Fürworts zusammengestellt. Zur Zeit, als die Einübung der dritten Erzählung (vereinfacht nach Lüdecking I, 21) beendet war, kannte der Schüler schon die meisten dabei in Betracht kommenden Formen.

Diese dritte Erzählung wurde folgendermassen in das Heft eingetragen:

lə márešál də säks | été trè for.

ŏ žŭr | il vŭlè dŏné | ŭn prŏv dɔ sá fŏrs,
il átrá šé-z-ŏ márèšál ferà | pŭr fèr feré sŏ švál.
ŏ lŭ̈i prézátá dè fer.

il lɔ-z-ègzáminá | é il á kàsá siš | 1ŏ áprè 1ót(r), | á dizá | k il nɔ válè rjë | é kŏ dvè
lŭ̈i á dŏné d mejŏr.

áfé | il á šŭázi kát(r), | é lŏrsk lɔ švál fŭ feré, | il dŏná ó márèšál | ŏ-n-ékŭ dɔ si frá.
lɔ márèšal ferà lɔ pri dà lá mè | é lɔ kàsá.

lɔ márèšál dɔ sáks | lŭ̈i dŏná d ótrɔ-z-ékŭ, | mè | il lè kàsá tuš, | á dizá | k il nɔ válè rjë | é
kŏ dvè lŭ̈i á dŏné d mèjŏr.

lɔ près ri, | il lŭ̈i dŏná ŏ lui | é kŏvè | k il ŭvè truvé sŏ mèt(r). —

Folgende Übungssätze ergaben sich aus derselben für die (vorläufig nur) mündliche Durchnahme:

J'étais très fort, tu étais très fort, il était très fort, elle était très forte . . .
Je voulais donner une preuve de ma force, tu voulais donner une preuve de ta force . . . .
J'allais faire ferrer mon cheval, tu allais faire ferrer ton cheval . . . .
Je ne valais rien, tu ne valais rien . . . .
Je devais lui en donner de meilleurs, tu devais lui en donner de meilleurs . . . .
Mon cheval fut ferré, ton cheval fût ferré . . . .
J'avais trouvé mon maître, tu avais trouvé ton maître . . . .

Bei den Umformungen von Erzählungen tritt die Form hinter dem Inhalt zurück, bei den letztgenannten Übungen herrscht die Form vor. Übungen zur Befestigung gewisser Satzformen lassen sich auch sehr gut mit dem Anschauungsunterrichte verbinden. So können die mündlichen Übungen, welche an die Anschauungsbilder anknüpfen, auch formalen Zwecken dienen. Nachdem ein Bild mit den Schülern inhaltlich so weit durchgearbeitet ist, dass sie imstande sind, die Personen und Gegenstände und ihre Beziehungen zu einander französisch auszudrücken, kann der Anschauungsstoff dazu verwandt werden, Belege für die verschiedenen grammatischen Erscheinungen zu liefern. Indem die Schüler das sprachlich Ausgedrückte deutlich im Bilde vor sich sehen, werden ihnen die grammatischen Beziehungen klarer und prägen sich ihnen die Ausdrucksformen fester ein.

So kann man, um nur einige Beispiele anzuführen, Sätze bilden lassen, in denen ein Hauptwort in bestimmter Verwendung im Satze vorkommt, als Subjekt, als näheres Objekt, als Dativ, als Genitiv; weiter kann man Sätze verlangen, welche das Zeitwort in einer bestimmten Form enthalten oder welche Beispiele für die Stellung der persönlichen Fürwörter abgeben; man kann Verwandlungen von Sätzen vornehmen, Hauptwörter durch Fürwörter vertreten, aktive Sätze in passive verwandeln lassen u. d. m.; es können Übungen mit Verhältniswörtern, mit Umstandswörtern, mit Zahlwörtern, mit Bindewörtern u. s. w. vorgenommen werden — kurz, es bietet sich da ein weites Feld für nutzbringende Übungen, die der Aussprache, der Wortkenntnis, der grammatischen Sicherheit zu gute kommen und zugleich dem Schüler eine Gelegenheit zu eigner, freierer geistiger Thätigkeit bieten.

Alle diese Übungen lassen sich anstellen ohne Mitwirkung des Deutschen. Das kommt der Aussprache sehr zu gute. Denn nichts ist der Gewinnung einer guten Aussprache hinderlicher, als wenn die Sprachwerkzeuge Wörter aus verschiedenen Sprachen durcheinander hervorbringen müssen. Dies beruht auf der Verschiedenheit der den Sprachen eigentümlichen Mundstellung.

(Vgl. S. 18). Wir merken das selbst, wenn wir mitten in dem Fluss der deutschen Rede ein englisches oder ein französisches Wort gebrauchen. Die richtige Aussprache gelingt viel schwerer, als wenn wir das Wort im englischen oder französischen Satz sprechen. Deshalb sollte es der Lehrer im Unterricht möglichst vermeiden, den Schüler französisch und deutsch durcheinander sprechen zu lassen.

Dass der Gebrauch des Deutschen im französischen Klassenunterricht ganz umgangen werden könnte, glaube ich nicht. Aber es dürfte gut sein, ihn auf das notwendigste Mass zu beschränken. Die vorstehenden Übungen geben Mittel an die Hand, wie der Gebrauch des Deutschen mit der Zeit immer mehr eingeschränkt werden kann. Besonders bin ich der Meinung, dass man durch geeignete Übungen am französischen Sprachstoffe das regelmässige Übersetzen aus dem Deutschen ins Französische im Anfangsunterrichte auf ein sehr geringes Mass beschränken, wenn nicht gänzlich entbehrlich machen kann. Keinesfalls empfiehlt es sich als regelmässige Übung. Die Einführung in die fremde Sprache durch Übungen an der fremden Sprache selbst, durch Vorführung und Nachahmung von gutem Französisch führen ohne Frage sicherer zum Ziel.

Für den Unterricht in der Aussprache fällt ausserdem noch ein anderer Umstand ins Gewicht, der gegen solche regelmässige Übersetzungsübungen spricht. Da das Übersetzen ins Französische nur abgerissen und langsam vor sich gehen kann, verführt es den Schüler zu sinnwidrigem Sprechen, zum Auseinanderreissen von dem Sinne nach zusammengehörigen Ganzen. Es fälscht ausserdem das Gefühl für richtiges Französisch, indem sich der vom Schüler gebildete, oft ganz unfranzösische Ausdruck demselben unwillkürlich einprägt.

Das Übersetzen ins Deutsche kann auf der untersten Stufe nicht gänzlich entbehrt werden. Es bietet sich am Anfange als das einfachste und bequemste Mittel dar, dem Schüler den Sinn des französischen Textes zu erschliessen. Dabei empfiehlt es sich mit Rücksicht auf die Aussprache, nicht von demselben Schüler kleine Abschnitte französischen und deutschen Textes hintereinander aussprechen zu lassen. Im weiteren Verlaufe des Unterrichtes wird der Lehrer gut thun, das Übersetzen ins Deutsche durch den fremdsprachlichen Ausdruck so viel als möglich zu ersetzen. Denn je mehr fremder Sprachstoff dem Schüler zugeführt wird, und je mehr er selbst zum Sprechen angehalten wird, desto besser wird er in der Kenntnis der fremden Sprache gefördert.

Die erwähnten Übungen setzen den Schüler mit der Zeit in den Stand, Vorgesprochenes leicht aufzufassen und zu verstehen. Diese Fähigkeit wird durch andauernde Übung erworben und weiter ausgebildet. Diejenigen, welche nur mit dem Auge die fremde Sprache erlernt haben, besitzen dieselbe erfahrungsgemäss nur in sehr geringem Masse. Sie sind nicht gewohnt, den Sinn der Worte mit dem Klange der gesprochenen Laute zu verbinden; für sie ist das orthographische Schriftbild der Träger des Sinnes. Liest man so vorgebildeten Personen etwas vor, so macht man die Beobachtung, dass sie den Inhalt von verhältnismässig ganz leichtem Sprachstoff oft erst verstehen, wenn ihnen gewisse Worte vorbuchstabiert oder niedergeschrieben oder im Druck gezeigt werden. Solcher Einseitigkeit muss gesteuert werden. Das oben geschilderte Verfahren soll den Schüler befähigen, mit Auge und Ohr aufzufassen.

Weiter wird der Schüler in den Stand gesetzt, mit dem Gehör aufgefassten Sprachstoff zu behalten. Auch diese Fähigkeit wird nur durch anhaltende Übung gewonnen und vervollkommnet. Während diejenigen, welche nur mit dem Auge aufzunehmen gewohnt sind, nur schwer Vorerzähltes ihrem Gedächtnisse einzuprägen vermögen, werden durch die vom Laut ausgehende Lehrweise die Schüler geübt, Gesprochenes und Gelesenes zu behalten. Es wird für sie gewissermassen ein neuer Weg geschaffen, auf dem ihrem Gedächtnisse Sprachstoff zugeführt werden kann.

Auch in den späteren Jahrgängen darf der Lehrer nicht müde werden, durch Übung des Ohres und der Sprechwerkzeuge die gute Aussprache der Schüler zu erhalten. Es werden dort ausser den angegebenen noch andere mündliche Übungen eintreten, wie sie der Klassenstufe entsprechen: Inhaltsangaben, kürzende Zusammenfassungen, erweiternde Darstellungen des gelesenen Stoffes, Übungen im Auffassen und im Nacherzählen von vorerzählten unbekannten Geschichten u. dergl. Diese mündlichen Übungen sind nicht nur um ihrer selbst willen wertvoll, sondern zugleich deshalb, weil sie das geeignetste Mittel zur Einprägung des Sprachstoffes, die beste Vorbereitung zum schnellen Überblicken und Verstehen von Gedrucktem, also auch zum sinngemässen Lesen, und die natürliche Vorbereitung für die schriftlichen Arbeiten sind, deren Gipfelübung der Aufsatz ist.

Der Übergang zur Rechtschreibung.

Die vorhergehenden Ausführungen gingen öfter über die allererste Unterrichtszeit im Französischen hinaus, indem sie auf den weiteren Verlauf der angegebenen Übungen hinwiesen. Die rein lautlichen mündlichen Übungen selbst, unterstützt durch das Mittel der Lautschrift, nahmen bei dem zuletzt angestellten Versuche das erste Vierteljahr des Schuljahrs ein. Dann erfolgte der Übergang zur Rechtschreibung. Dieser Übergang darf stattfinden, wenn die Schüler die Schwierigkeiten der französischen Aussprache genügend überwunden haben. Der Zeitpunkt, an dem derselbe vorgenommen werden kann, wird daher abhängen von dem Grade der Schwierigkeit, den die Schüler bei der Einführung in die französische Aussprache zu bewältigen haben. Der Übergang kann demnach bei norddeutschen Schülern im allgemeinen zeitiger stattfinden als bei mittel- und süddeutschen. Bei Schülern, welche stimmlose und stimmhafte Laute in ihrer Muttersprache gut unterscheiden, kann man vielleicht schon nach einigen Wochen zur Einführung in die Rechtschreibung schreiten. Dieser Übergang, das habe ich im englischen wie im französischen Unterricht des öfteren erfahren, vollzieht sich verhältnismässig leicht. Die Art, wie die Laute in der geschichtlichen Schreibung durch Buchstaben und Buchstabenverbindungen dargestellt werden, ist für den Schüler ein neuer Gegenstand, dem er sich nun, nachdem ihm die lautlichen Verhältnisse klarer geworden sind, mit frischer Teilnahme zuwendet.

Bei der ersten Einführung in die Schreibung tritt der Unterschied zwischen derselben und der Lautschrift so recht hervor. Während diese weiter nichts als die in Schriftzeichen umgesetzte eigne Aussprache darstellt, ist jene eine Zusammenstellung von Buchstaben, die manchmal aus dem Wesen des Lautes erschlossen, manchmal „etymologisch" erklärt werden kann, oft aber auch einfach gedächtnismässig aufgefasst werden muss. Darauf beruht es auch, dass die Lautschrift nicht verwirrend auf die Schreibung einwirken kann; ebenso gut könnte die Aussprache selbst einen schädlichen Einfluss ausüben.

Das Erlernen der Rechtschreibung geschieht durch häufige Anschauung, Buchstabieren und schriftliche Übung. Das Zurückgehen auf die Ableitung der Wörter ist der Einübung sehr zweckdienlich; besonders wirksam aber ist dabei die Anschauung.

Diese drei Übungen dienen dazu, dem Schüler das Schriftbild gedächtnismässig einzuprägen. Während die Lautschrift keine Belastung des Gedächtnisses bedingt, nimmt die Rechtschreibung das Gedächtnis in Anspruch *). Daher können auch selbst falsche Schriftbilder, die sich dem Schüler etwa eingeprägt haben, mit Hilfe vielfacher Anschauung und der anderen angegebenen Übungen berichtigt werden, während falsch eingeprägte Laute ungleich fester sitzen **).

Die mündliche Einübung bleibt in der Folgezeit zunächst noch dieselbe wie im ersten Vierteljahr. Die Stücke werden durch Vor- und Nachsprechen eingeübt, die Laute mit den Lautzeichen dabei auf der Tafel vorgeschrieben und den Schülern zur Wiederholung mit nach Hause gegeben; erst nachdem sich ein Abschnitt fest dem Gedächtnisse eingeprägt hat, wird die Rechtschreibung durchgenommen. In der zweiten Hälfte des Jahres werden die Schüler die Laute sicherer treffen und auch die Beziehungen zwischen Laut und Schrift im allgemeinen klarer erkennen. Deshalb wird die mündliche Durchnahme kürzere Zeit in Anspruch nehmen, die Vermittelung der Lautschrift nicht mehr durchweg nötig sein, und die Einführung in das Schriftbild kann schneller erfolgen. Auf dieser Stufe wird die Lautschrift dazu verwandt, die Aussprache von schwierigeren Wörtern deutlich zu machen.

Mit dem Ende des ersten Jahres muss der Übergang zur Rechtschreibung vollendet sein. Im zweiten Schuljahre können schon umgekehrt Versuche gemacht werden, die Schriftbilder in Laute zu übertragen, d. h. lautlich richtig zu lesen ***). Doch geht der Regel nach auch hier die mündliche Durchnahme bei geschlossenem Buche der Unterweisung in der Schreibung voraus.

Durch das angegebene Verfahren erscheint die gesprochene Sprache dem Schüler nicht mehr als etwas Nebensächliches gegenüber der Schreibung; dem Laute wird sein Recht gegeben, ohne dass die Schreibung dabei zu Schaden kommt. Die Schüler werden auf die in der Sprache wirksamen Lautgesetze aufmerksam; sie werden zu Betrachtungen über Werden und Wesen der Sprache in anderer Weise angeregt, als wenn sie nur dazu angehalten werden, orthographischen Beziehungen und Verwandlungen von Buchstaben Beachtung zu schenken. Bei der Berücksichtigung der lautlichen Erscheinungen werden sie dem eigentlichen Verständnis der Sprachgesetze näher gebracht. Es sei nur erinnert an das Verhältnis zwischen l und Vokal (à l'homme, au père; cheval, chevaux; bel, beau; valoir, vous; col, cou), an die Beziehungen zwischen u und ö in nous mourons und il meurt, douloureux und douleur, zwischen ə und ě (nous achetons und j'achète), zwischen é und è (répéter, répétition .. und il répète; j'ai und ai-je), zwischen Nasalvokalen und den konsonantischen Nasallauten n und ñ (un und une, bon und bon ami, je viens und nous

---

*) Marle hat ausgerechnet, dass 31 französische Laute auf 540 verschiedene Arten geschrieben werden, und Degardin hat gar 568 herausgefunden. Das ergiebt im Durchschnitt für jeden Laut mehr als 18 Schreibarten. — Vietor, Schriftlehre oder Sprachlehre? Zeitschrift für neufranzösische Sprache und Literatur II, S. 60.

**) Vergl. S. 19 und Max Walter, der Anfangsunterricht auf lautlicher Grundlage; Jahresbericht der Realschule zu Kassel. Ostern 1887. S. 4.

***) Richtiges sinngemässes Lesen kann erst dann gefordert werden, wenn der Sinn dem Schüler gänzlich klar ist, wenn dieser den Satz vollständig überschaut. Das Lesen sollte daher auf allen Stufen dem Übersetzen oder der anderweitigen Durchnahme des Stücks folgen, nicht vorangehen. —

venous, patin und patiner, malin uud maligne, je crains und nous craignous, le bain und baigner) — Verhältnisse, welche ihrem Wesen nach mehr im Laute als in der Schrift begründet sind.

Während in der ersten Zeit die mündliche Übung alles ist und die schriftliche nur zur Unterstützung derselben herangezogen wird, tritt nunmehr die schriftliche Übung selbständig neben die mündliche und bietet dem Schüler einen neuen Gegenstand, auf den er seine Aufmerksamkeit und seinen Fleiss richten muss. Als ich das erste Mal den Übergang zur Rechtschreibung im Unterricht ausführte, war ich erstaunt, wie leicht die Schüler das Schriftbild auffassten und behielten, nachdem ihnen die Aussprache keine Schwierigkeit mehr bereitete.

In der That liegt es nahe, dass die Einführung in die Schreibung nach voraufgegangenem lautlichen Anfangsunterrichte den Schülern nicht nur viel leichter fällt, sondern auch des Anregenden eine ganze Menge bieten muss. Es fordert ihre Teilnahme heraus zu sehen, auf wie verschiedene Weise die Rechtschreibung ein und denselben Laut wiedergiebt (so z. B. in ou, oû, goût, août). Kann man auf das Lateinische zurückgreifen, so werden sich auch auf der unteren Stufe schon zahlreiche Erklärungen, welche auf die Herleitung bezug nehmen, einflechten lassen. Auch das Deutsche kann vielfach herangezogen werden. Mit der Zeit werden die Schüler bei der nötigen Anleitung dahin gelangen, die Fälle festzustellen, in denen ein und derselbe Laut immer durch denselben Buchstaben oder dieselbe Buchstabenverbindung wiedergegeben wird. Es sei gestattet, aus der reichen Menge des Stoffes nur weniges herauszugreifen. Die Schüler finden, dass die Laute i, ï, u fast immer durch i, n, ou, dass beide a-Laute (â und à) unterschiedslos durch a (oder in der Verbindung oi durch i) wiedergegeben werden, dass der Accent grave ausser bei e mit der Aussprache nichts zu thun hat, dass é durch é, ai, ei, ay, ey; è durch è, ê, ai, ei, ais, ait, aie, aient; ó durch o, ô, au, eau, aô; ò durch o, au; ő durch eu, œu; ő durch eu, œ, œu bezeichnet werden kann. Da ihr Ohr für die Auffassung des richtigen Lautes geübter geworden ist, werden sie sonst häufige Fehler wie il se defendit, il repondit eher vermeiden. Sie werden zur Aufmerksamkeit gezwungen, um gleichlautende Wörter im Satze durch die Schreibung zu unterscheiden (il a été à Paris; je veux donner, j'ai donné u. dergl.). In Bezug auf die Nasalvokale giebt ihnen die Lauttafel den Weg an die Hand, zwischen n und m in zahlreichen Fällen richtig zu wählen: vor den Lippenlauten p und b ist m, vor den übrigen n zu setzen (nombre, monter).

Bei den Konsonanten macht sich wie bei den Vokalen für die Schreibung die reinigende Kraft der lautlichen Schulung geltend. Wie die Laute p und b, t und d, k und g, so dürfen nun auch die Buchstaben p und b, t und d, c (q, qu) und g nicht mehr verwechselt werden; dasselbe gilt bei den Lauten f und v, š und ž betreffs der Buchstaben f (ph) und v, ch und g oder j. Wie früher bei den mündlichen Übungen pâ und bâ, tä und dä, kàž und gáž, šu und žu, mäš und mäž richtig auf der Lauttafel bestimmt werden mussten, so müssen auch jetzt pas und bas, temps und dans, cage und gage, manche und mange, chou und joue mit den betreffenden richtigen Konsonanten geschrieben werden. Richtige lautliche Auffassung hat hier die richtige Schreibung im Gefolge, während bei lautlich nicht geschulten Schülern eine besondere Anstrengung und Belastung des Gedächtnisses für die Einprägung des richtigen Konsonanten nötig ist. Bezüglich des Lautes s erkennen sie, dass er durch s, ss, c, ç, sc, x, t(i) wiedergegeben werden kann, und ebenso dass der Laut z im Anlaut durch z (zénith), im Inlaut zwischen Vokalen (nicht nach Nasalvokalen) meist durch s, seltener durch z (maison, gazon) wiedergegeben wird. So werden sie mit der Zeit die französische Schreibweise soweit zu überblicken instande sein, dass sie für viele Wörter aus der Aussprache auf die richtige Schreibung des ganzen Wortes schliessen können, so in la racine, le facteur, la question, la capitale, la frontière, une école, la chambre, le chapeau, la jardinière, jeune, le domestique, montrer, le voyage, le soir, un auteur, la bataille, la bonteille, la fille, gagner, la campagne, sien, sienne, la vache, la cage, pourquoi, réciter, la victoire, examiner, exceller, l'expédition, nombreux .... Sie lernen endlich, dass die grammatischen Beziehungen in der Schrift mehr hervortreten als in der Rede: il chantait, ils chantaient.

Die „stummen Buchstaben", die zum Teil früheren Lauten entsprechen, zum Teil von „etymologisierenden" Grammatikern hinzugefügt worden sind, müssen durch Anschauung und Übung gedächtnismässig eingeprägt werden (pois, poix, poids), diejenigen, welche grammatische Verhältnisse kennzeichnen, (avais, avait, avaient; l'ami, l'amie, des soldats; il l'a appelée, elle est polie) fordern zur Überlegung auf. Die erstgenannten bilden denjenigen Teil des Rechtschreibungs-Unterrichtes, der das Gedächtnis am meisten in Anspruch nimmt.

Die schriftlichen Übungen, welche der Einprägung der Rechtschreibung und zugleich anderen Rücksichten dienen, setzen sich zusammen aus Abschriften, Arbeiten, die aus dem Gedächtnis niedergeschrieben werden, Übungen nach gewissen grammatischen Gesichtspunkten *), Umbildungen von Sätzen, Umformungen von Stücken, Konjugations- und ähnlichen Sätzen (vgl. S. 41), Konjugationsformen, Übungen im Bilden von Sätzen (auf Grund von gegebenen Wörtern, von durchgenommenem Anschauungs- oder Lernstoff nach gewissen Gesichtspunkten, vergl. S. 42), Diktaten. Sie sollen mehr Übungen zur Befestigung der Schreibung als Prüfungen auf die Findigkeit der Schüler im Bewältigen von Schwierigkeiten sein. Deshalb muss man in der ersten Zeit des Rechtschreibungs-Unterrichtes bei der Stellung von Aufgaben recht vorsichtig zu Werke gehen und dieselben genügend vorbereiten, dann werden Verwechslungen zwischen Lautschriftzeichen und Buchstaben nicht vorkommen. Es ist mir wohl begegnet, dass einige der schwächeren Schüler bei den allerersten Arbeiten etwa auf offenes o ein ` setzten (le bòrd) oder ähnliches; doch traten auch solche Fehler nur vereinzelt auf und wurden bald ganz abgestellt. Gegenüber den Fehlern, welche bei sofortiger Einführung in die Schreibung gemacht werden, können die übigen nicht in Betracht kommen.

Die Lautschrift spielte nach erfolgtem Übergang zur Rechtschreibung noch insofern eine Rolle, als ab und zu, besonders bei schwierigeren Wörtern, die Schüler angehalten wurden, ihre Aussprache in die Zeichen der Lauttafel zu übertragen. Diese Übung ist auch für die oberen Stufen empfehlenswert, um die Schüler zu zwingen, sich über die Natur der Laute recht klar zu werden und benachbarte Laute scharf auseinanderzuhalten.

Zum Schluss sei ein Wort über die Bezeichnung der Aussprache in Schulbüchern hinzugefügt. Sind die Angaben für den Schüler bestimmt, so haben sie nur dann einen Sinn, wenn der Schüler genau weiss, welche Lautwerte er unter den Zeichen zu verstehen hat. Auf die Zeichen selbst kommt es erst in zweiter Linie an; an sie gewöhnt sich der Schüler schnell; die Hauptsache ist, dass er imstande ist, einen Inhalt mit ihnen zu verknüpfen. Die Zeichen der Lautschrift, unter denen die Schüler von Anfang an die fremden Laute kennen gelernt haben, werden sich demnach für solche Angaben am besten eignen. Darüber, dass Aussprachebezeichnungen mit deutschen Buchstaben als irreführend durchaus zu verwerfen sind, herrscht wohl Übereinstimmung **).

*) Die Schüler führten ausserdem ein Heftchen, in welches unter Anleitung des Lehrers im Unterrichte die in dem Lernstoff und den Sprechübungen vorkommenden Wörter nach Wortklassen geordnet eingetragen wurden.

**) Deshalb ist zu loben, dass Karl Kühn in seinem Französischen Lesebuch (Bielefeld und Leipzig, 1.60 ℳ) dem Wörterverzeichnis die Aussprachebezeichnung in Lautschrift beigegeben hat.

Schlusswort.

In den vorhergehenden Zeilen war ich bestrebt auf Grund der mehrfach angestellten Versuche im Klassenunterrichte auszuführen, in welcher Weise nach meiner Ansicht der Unterricht in der französischen Sprache zweckmässig begonnen werden kann. Ich verhehle mir dabei nicht, dass es seine grossen Schwierigkeiten hat, den Gang eines Unterrichtsverfahrens zu schildern, da vieles sich auf dem Papiere anders ausnimmt, als es sich im lebendigen Wechselverkehr zwischen Lehrer und Schüler darstellt. Deshalb wird jede solche Beschreibung nur ein annäherndes Bild geben können.

Es ist misslich, von eigenen Unterrichtsergebnissen zu berichten. Ich darf indessen wohl meiner Überzeugung Ausdruck geben, dass die Ergebnisse des geschilderten Unterrichtsverfahrens diejenigen erheblich übertrafen, welche ich bei dem früher eingehaltenen Verfahren erreicht habe. Es wird vor allen Dingen die Hauptaufgabe, welche dem Anfangsunterricht in einer fremden Sprache zufällt, auf eine befriedigende Weise gelöst, die französische Aussprache des Schülers auf sicherem Grunde aufzubauen, und weiter werden durch das lautliche Verfahren die mündlichen Übungen ermöglicht, welche das geeigneteste Mittel sind, dem Schüler reichlichen Sprachstoff zuzuführen [*], diesen zu seinem lebendigen Eigentum zu machen und ihm so die Kenntnis der fremden Sprache zu vermitteln. Dass über den lautlichen die schriftlichen Übungen und die Kenntnis der grammatischen Erscheinungen nicht vernachlässigt werden sollen, habe ich schon mehrfach hervorgehoben. Letztere wird der Schüler nun so sicherer verstehen und um so vollkommener beherrschen, je umfangreicher der Sprachstoff ist, der durch die mündlichen Übungen sein festes Eigentum geworden ist.

Die Versuche, welche von anderen mit dem lautlichen und induktiven Verfahren gemacht worden sind, in Deutschland und Östreich wie in Frankreich, England und Schweden-Norwegen, sind, soweit meine Kenntnis reicht, sämtlich erfolgreich ausgefallen und haben eben dadurch auf andere anregend gewirkt; ich nenne nur die Versuche der mir näher bekannten Fachgenossen Dörr, Klinghardt [**]), Kühn, Paul Passy (der wohl die umfassendsten Versuche mit Lautschrift angestellt hat), Rambeau und Walter (mit dem ich vier Jahre lang an derselben Anstalt zu wirken das Vergnügen hatte und dem ich vielfache Anregung verdanke). Die Ergebnisse dieser Versuche dürfen unbedingt in den Augen eines jeden Vorurteilsfreien eine grössere Geltung beanspruchen als die Erörterungen von grundsätzlichen Gegnern, welche absprechen, ohne selbst Erfahrungen gesammelt zu haben.

Werfen wir einen Blick auf die Entwicklung des französischen Klassenunterrichts, so zeigt sich, dass die gesunde und massvolle „Reform" genau den Weg wandelt, der ihr von den Gesetzen der geschichtlichen Entwicklung gewiesen wird. Nachdem man den Standpunkt, eine Sprache auf mechanische Weise möglichst schnell praktisch zu erlernen im Schulunterricht

---

[*]) Ein Vergleich des Wortschatzes, den ein so vorbereiteter Schüler am Ende des ersten Jahres erlangt hatte, mit demjenigen eines Schülers, der nach Plötz' Elementargrammatik unterrichtet worden, fiel sehr bedeutend zu Gunsten des ersteren aus.

[**]) Wer geneigt ist, im englischen Unterricht Versuche mit dem lautlichen Verfahren anzustellen, wird neben Walter's Arbeit Klinghardt's Bericht über den Unterricht mit einer englischen Anfängerklasse: „Ein Jahr Erfahrungen mit der neuen Methode" (Marburg, Elwert 1888) mit grossem Interesse lesen.

aufgegeben hatte zu gunsten der Ansicht, dass der Einführung in die Kenntnis der Sprachgesetze (Regeln) eine so bildende Kraft innewohne, dass die dadurch erreichte „formale Schulung" des Geistes („welche den Menschen befähigt, jedwede Geistesoperation mit Leichtigkeit zu vollziehen") wertvoller sei als die Beherrschung der Sprache selbst, musste sich auch dieser einseitige Standpunkt mit der Zeit als solcher erweisen: die „Reform" versucht daher die Sprache selbst mehr in den Mittelpunkt des Unterrichts zu stellen. — Andererseits hatte die Nachahmung des bis dahin schulmässig höher entwickelten Unterrichtsbetriebs in den toten Sprachen zur Folge, dass im französischen und englischen Unterrichte das Wesen der lebenden Sprachen als gesprochenen zu wenig Berücksichtigung fand. Ein Umschwung musste mit der Zeit auch hier eintreten: Die Reform sucht durch grössere Betonung des gesprochenen Wortes dem Mangel abzuhelfen. In der Vermittlung der grammatisierenden und der praktischen Richtung scheint mir die Hauptaufgabe der „Reform" zu bestehen[*]. Bedient sie sich dabei in zweckmässiger Weise der Unterstützung, welche die Phonetik und die Anschauung zu gewähren geeignet sind, so wird ihr dies zum Vorteil gereichen. Viel muss noch auf dem Gebiet gearbeitet werden, ehe eine allseitig befriedigende Lösung gefunden sein wird. Mögen die vorhergehenden anspruchslosen Ausführungen ein wenig dazu beitragen, uns dem Ziel näher zu bringen! Mögen vor allen Dingen auch die mit dem neuen Lehrverfahren angestellten ehrlichen Versuche immer zahlreicher werden!

---

[*] Vielfach wird das von den „Reformern" vorgeschlagene Verfahren „die neue Methode" genannt. Man könnte fast meinen, diese Bezeichnung sei wohl mit Rücksicht auf die Gegner jeder Neugestaltung des Unterrichts nicht ganz zweckmässig gewählt. Viele derselben klammern sich an den Ausdruck, suchen nachzuweisen, dass verschiedene Forderungen der „Reformer" gar nicht neu sind, und glauben damit etwas gegen die Güte des vorgeschlagenen Lehrverfahrens bewiesen zu haben. Dass verschiedene Forderungen schon recht alt sind, bedarf kaum besonderer Hervorhebung. Schon bei Ratich und Comenius sind einzelne derselben zu finden. Aber nicht darauf kommt es an, ob die Methode alt oder neu ist, sondern darauf, ob sie zweckdienlich ist oder nicht. Die phonetisch-aussprachliche Seite der „Reform" ist übrigens wirklich etwas Neues.